Langenscheidt
Gramatyka angielska z ćwiczeniami

Poziom podstawowy i średnio zaawansowany

S. Brough, G. Galster, S. Brugger

Langenscheidt

Berlin · Monachium · Warszawa · Wiedeń · Zurych · Nowy Jork

Tytuł oryginału: *Langenscheidts Kurzgrammatik Englisch,*
Langenscheidts Grammatiktraining Englisch

Przekład i adaptacja: *Katarzyna Malesa*

Adaptacja okładki: *Grażyna Ficenes*
Redakcja: *Anna Kędziorek*
Korekta: *Julia Dzikowska, Anna Kędziorek*
Produkcja: *Marzena Baranowska*
Koordynacja projektu: *Małgorzata Kapuścińska*

Skład i łamanie: *GABO s.c.*, Milanówek
Druk: *Zakład Graficzny COLONEL*

ISBN: 83-88892-97-5
Cena: 17,90 zł

Przedmowa

Oddajemy do rąk Czytelnika przyjazny podręcznik gramatyki – zwięzły, jasny i przystępny.
Składa się on z dwóch części. W pierwszej znajdują się wszystkie najważniejsze zasady gramatyki angielskiej – od części mowy, przez słowotwórstwo po budowę zdania. Ważne informacje – wyodrębnione w tabelach i zestawieniach – podkreślono kolorem i rozmaitymi formami graficznymi.
Reguły gramatyczne ilustrowane są licznymi przykładami z polskimi tłumaczeniami.

W części drugiej Czytelnik znajdzie ponad 150 ćwiczeń, poświęconych tym zagadnieniom gramatycznym z części pierwszej, które sprawiają najwięcej trudności. Ćwiczenia zostały ułożone tak, aby można je było wykonać w książce, a poprawność rozwiązań sprawdzić natychmiast za pomocą załączonego klucza. Zdania użyte w ćwiczeniach pochodzą z angielskiego języka potocznego i wykorzystują podstawowe słownictwo, po to by lepiej je poznać, a także aby oszczędzić Czytelnikowi wyszukiwania trudnych wyrazów w słownikach.

Książka przeznaczona jest głównie dla użytkownika początkującego, jednak również osoby zaawansowane znajdą w niej coś dla siebie. Można ją wykorzystywać do nauki gramatyki lub do jej przypomnienia , do pracy samodzielnej lub pod kierunkiem nauczyciela. Dla nauczyciela z kolei stanowi gotowy materiał dydaktyczny na podstawowym i ponadpodstawowym poziomie nauczania.

Życzymy wszystkim Czytelnikom pięknego, bezbłędnego posługiwania się językiem angielskim i stosowania reguł gramatycznych bez ciągłej potrzeby myślenia o nich.

Autorzy i Wydawnictwo

Spis treści

GRAMATYKA

GRAMATYKA

1. Rodzajnik

1.1. Rodzajnik określony

W języku angielskim rodzajnik określony **the** odnosi się do wszystkich rzeczowników, niezależnie od tego, czy dany rzeczownik jest rodzaju męskiego, żeńskiego czy nijakiego, czy też występuje w liczbie mnogiej:

the woman	*kobieta*	**the** child	*dziecko*
the boy	*chłopiec*	**the** cars	*samochody*

● **The** znajdujące się przed wyrazem, na początku którego wymawiamy spółgłoskę (**d, f, s, v** itp.), wymawiane jest [ðə].

● **The** znajdujące się przed wyrazem, na początku którego wymawiamy samogłoskę (**a, e, i, o, u**), wymawiamy [ði:].

1.1.1. Użycie rodzajnika określonego
Pojęcia abstrakcyjne w ogólnym znaczeniu występują bez **the**:

Love is the strongest of all feelings.
What's the secret of true **happiness**?

Miłość jest najsilniejszym z uczuć.
Jaka jest tajemnica prawdziwego szczęścia?

peace	*pokój*	**luck**	*szczęście*
fear	*strach*	**man**	*człowiek*
happiness	*szczęście*	**politics**	*polityka*
hate	*nienawiść*	**society**	*społeczeństwo*
love	*miłość*	**work**	*praca*

Jeśli jednak takie pojęcia, jak **hate, luck** itp. są dokładniej określone w dalszej części zdania, stosujemy **the**:

His book is about **the love of music**.
I can't describe **the happiness I felt**.

Jego książka jest o miłości do muzyki.
Nie umiem opisać szczęścia, które odczuwałem.

Następujące słowa używane są bez **the**, jeśli mamy na myśli instytucje, które one nazywają, lub funkcje, jakie te instytucje spełniają. Natomiast jeśli mówimy o konkretnym budynku lub przedmiocie, wówczas używamy **the**:

school	*szkoła*	**hospital**	*szpital*
college	*college*	**court**	*sąd*

university	uniwersytet	prison	więzienie
church	kościół	bed	łóżko

He's been in **hospital** for a week. They are redecorating **the hospital**.

On jest w szpitalu od tygodnia. Odnawiają szpital.

- Przy imionach i nazwiskach osób oraz określeniach pokrewieństwa nie używamy **the**, również wtedy, gdy przed tymi wyrazami występuje przymiotnik lub tytuł:

    Dad, Grandma, Peter, Dr Brown, poor Sally itp.

W liczbie mnogiej natomiast używamy rodzajnika określonego:

the Smedleys, the Johnsons itp.

- Nazwy państw, ulic, budynków, gór i jezior występują na ogół bez **the**:

Turkey	Turcja	**Windsor Castle**	Zamek Windsor
Switzerland	Szwajcaria	**Lake Geneva**	Jezioro Genewskie
Mount Fuji	Góra Fudżi	**Dunstan Road**	Dunstan Road (ulica)
K2	K2	**Times Square**	Times Square

- W liczbie mnogiej używamy **the**:

the Alps	Alpy	**the Balearics**	Baleary

- Miesiące, dni tygodnia i dni świąteczne – jeśli są ogólnymi określeniami czasu – występują bez **the**:

on Monday	w poniedziałek	**in September**	we wrześniu

i   **Przy bliższym określeniu używamy the:**

on the Saturday of the wedding	w tę sobotę, kiedy odbył się ślub
the Easter that we spent in London	te Święta Wielkanocne, które spędziliśmy w Londynie

- Nazwy posiłków używane są bez **the**, chyba że później następuje dokładniejsze określenie:

Dinner is at eight.	Obiad jest o ósmej.

ale:

The dinner he served was great.   *Obiad, który podał, był wspaniały.*

● **The** nie występuje przy połączeniach **by** + środek transportu:

by car, by bus, by train   *samochodem, autobusem, pociągiem*
by bike / bicycle, by motorbike   *na rowerze, na motorze*

1.1.2 Miejsce występowania rodzajnika określonego
The występuje po **half, double, twice** i **all**:

half the time	*połowa czasu*
double the price	*podwójna cena*
twice the distance	*podwójna odległość*
all the time	*cały czas*

Czasami **the** występuje po **both**, ale nigdy przed:

both boys lub **both the boys**   *obaj chłopcy*

W ogólnych wypowiedziach **most** występuje bez **the**:

Most people don't know about it.   *Większość ludzi o tym nie wie.*

Połączenie: **Most of the** + rzeczownik oznacza, że chodzi o większą część określonej grupy:

Most of the apples were ripe.   *Większość jabłek była dojrzała.*

1.2 Rodzajnik nieokreślony

● Rodzajnik nieokreślony **a** występuje przed wyrazami, na początku których wymawiamy spółgłoskę (**g, m, p, s** itd.). Dotyczy to także takich wyrazów, jak **union** [*ju:njən*], **university** [*ju:ni'vɜːsəti*] itd.

● Przed wyrazami, na początku których wymawiamy samogłoskę (**a, e, i, o, u**), występuje rodzajnik nieokreślony **an**. Dotyczy to także głoski **h**, której nie wymawiamy, np. w słowie **hour** [*aʊə*].

a baby	*niemowlę*	**an a**irport	*lotnisko*
a policeman	*policjant*	**an e**lephant	*słoń*
a useful tip	*przydatna wskazówka*	**an h**our	*godzina*

1.2.1 Użycie rodzajnika nieokreślonego

Rodzajnika nieokreślonego **a / an** używamy, podając czyjś **zawód, narodowość, wyznanie** i ogólnie **przynależność do jakiejś grupy**:

I'm **a** Methodist.	*Jestem metodystą.*
She's **an** opera singer.	*Ona jest śpiewaczką operową.*
He's **a** Canadian.	*On jest Kanadyjczykiem.*

Przy podawaniu **ceny, prędkości, częstotliwości występowania czegoś** itp., **a / an** oznacza to samo, co w języku polskim przyimek „na" lub „za":

Calls cost 8 pence **a** minute.	*Rozmowy telefoniczne kosztują 8 pensów za minutę.*
I have to take this medicine five times **a** day.	*Muszę brać to lekarstwo pięć razy dziennie (na dzień).*

Przed wyrazami **hundred** i **thousand** występuje **a** lub – jeśli chcemy podkreślić, że chodzi o jeden – **one**.

Only **a hundred** and twenty days to go.	*Zostało jeszcze sto dwadzieścia dni.*
A millennium is **a thousand** years.	*Milenium to tysiąc lat.*

 Nie używamy a / an przed takimi słowami, jak information (*informacja, informacje*), advice (*rada, rady*), news (*wiadomość, wiadomości*), czy hand luggage (*bagaż ręczny*).

Przed tymi słowami możemy użyć **some** lub **any** (w pytaniach i przeczeniach) albo możemy ich nie poprzedzać żadnym z nich. Jeżeli chcemy podkreślić, że chodzi np. o jedną informację, możemy użyć **a / one piece of**:

He's got **news** for us.	*On ma dla nas wiadomość.*
I've just got **one piece of hand luggage.**	*Mam tylko jedną sztukę bagażu ręcznego.*
Have you got **any advice?**	*Czy masz jakąś radę?*

Przed podanymi niżej słowami nie występuje **a / an**, natomiast może je poprzedzać **some / any, a pair of**, albo też może nie występować przed nimi żadne określenie.

(a pair of) trousers	*spodnie*
(a pair of) jeans	*dżinsy*
(a pair of) shorts	*szorty*
(a pair of) pyjamas	*piżama*
(a pair of) pants	*majtki (Am. spodnie)*

(a pair of) swimming trunks	*kąpielówki*
(a pair of) glasses	*okulary*
(a pair of) binoculars	*lornetka*
(a pair of) scissors	*nożyczki*
(a pair of) scales	*waga*

Rodzajnik **a** występuje po **half** i **quite** oraz przed lub po **rather:**

It weighs **half a kilo.**	*To waży pół kilo.*
They made **quite a noise.**	*Narobili dość dużo hałasu.*
She's **rather a nice / a rather nice** teacher.	*Ona jest dość miłą nauczycielką.*

2 Rzeczownik

2.1 Pisownia wielką literą

Rzeczowniki w języku angielskim piszemy przeważnie małą literą, ale istnieją następujące wyjątki:

● Nazwy własne, formy grzecznościowe, tytuły	**Fred, Mrs Tandy, Inspector Morse**
● Narodowości, nazwy narodów i ich języków	**the Chinese, the Irish, the Germans; French, Thai, Greek**
● Nazwy miejscowości i krajów	**Moscow, Florida, Spain**
● Dni tygodnia i miesiące	**Thursday; April**
● Święta, dni świąteczne	**Christmas, New Year's Eve, Thanksgiving Day**
● Nazwy religii i wyznań	**Buddhism, Christianity, Judaism; Hindu, Muslim, Protestant**
● Nazwy wydarzeń historycznych	**the Boer War, the Maastricht Treaty**
● Nazwy organizacji i instytucji	**the Wine Society, the Royal Air Force**
● Tytuły książek, filmów, utworów muzycznych, dzieł sztuki itp.	**The Little Prince, The Haydn's Clock Symphony, The Laughing Cavalier**
● Nazwy przedmiotów szkolnych i akademickich (czasami pisane są małą literą)	**Maths, Geography, History, Biology, Medicine, Medical Studies**
● Zaimek osobowy „ja"	**I**

2.2 Rodzaj gramatyczny rzeczowników
Rzeczowniki nieożywione są na ogół rodzaju nijakiego.

Przy określeniach zawodów wykonywanych przez kobiety – niekiedy w celu podkreślenia lub uniknięcia nieporozumień – nazwę zawodu poprzedza **woman, female** lub **lady**, przy czym użycie **woman** i **female** jest raczej rzeczowe, natomiast **lady** jest formą bardziej uprzejmą.

(female) politician	*(kobieta) polityk*	**(female/lady) doctor**	*lekarka*
(female) student	*studentka*	**(woman/female) teacher**	*nauczycielka*

14

W wypadku zawodów, które kiedyś wykonywane były tylko przez kobiety, w celu podkreślenia formy męskiej, dodajemy przed nazwą zawodu słowo **male**, aby uniknąć nieporozumień:

model	*modelka*	**(male) model**	*model*
nurse	*pielęgniarka*	**(male) nurse**	*pielęgniarz*
midwife	*położna*	**(male) midwife**	*położny*

W niektórych rzeczownikach różnica między formą męską a żeńską jest bardzo wyraźna:

boyfriend	*chłopak, przyjaciel*	**girlfriend**	*dziewczyna, przyjaciółka*
prince	*książę*	**princess**	*księżniczka*

W innych rzeczownikach istnieją wprawdzie obie formy: męska i żeńska, ale coraz częściej forma „neutralna" (męska) jest stosowana również wobec kobiet:

actor	*aktor(ka)*	**actress**	*aktorka*
waiter	*kelner(ka)*	**waitress**	*kelnerka*
host	*gospodarz / gospodyni*	**hostess**	*gospodyni*
manager	*menadżer / (kobieta) menadżer*	**manageress**	*(kobieta) menadżer*

2.3 Liczba mnoga

2.3.1 Tworzenie liczby mnogiej
Liczbę mnogą tworzymy na ogół przez dodanie **-s** do liczby pojedynczej:

letter	*list*	**letters**	*listy*
house	*dom*	**houses**	*domy*

W wypadku rzeczowników zakończonych na **-s, -ss, -sh, -ch** lub **-x**, liczbę mnogą tworzymy dodając **-es** do formy liczby pojedynczej:

bus	*autobus*	**buses**	*autobusy*
boss	*szef*	**bosses**	*szefowie*
dish	*naczynie*	**dishes**	*naczynia*
witch	*czarownica*	**witches**	*czarownice*
fax	*faks*	**faxes**	*faksy*

W wypadku rzeczowników zakończonych na **-y** po spółgłosce (**d, g, s** itd.), przy tworzeniu liczby mnogiej **-y** zastępuje się **-ies**:

baby	*niemowlę*	**babies**	*niemowlęta*
fly	*mucha*	**flies**	*muchy*

Jeśli końcowe **-y** występuje po samogłosce (**a, e, i, o, u**), dodajemy tylko **-s**:

boy	*chłopiec*	**boys**	*chłopcy*
day	*dzień*	**days**	*dni*

2.3.2 Nieregularne formy liczby mnogiej
● W wypadku rzeczowników zakończonych na **-f** lub **-fe** liczbę mnogą tworzymy, zamieniając **-f / -fe** na **-ves**:
wife – wives, knife – knives, loaf – loaves, life – lives itp.

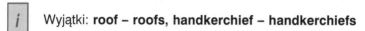

i   Wyjątki: **roof – roofs, handkerchief – handkerchiefs**

● Niektóre z tych wyrazów mogą mieć w liczbie mnogiej obie formy (mogą kończyć się zarówno na **-ves**, jak i na **-s**):

scraf – scraves / scrafs, dwarf – dwarves / dwarfs, hoof – hooves / hoofs

● Niektóre rzeczowniki zakończone na **-o** przybierają w liczbie mnogiej końcówkę **-oes**:

tomato – tomatoes, potato – potatoes, hero – heroes

● W następujących przypadkach liczbę mnogą takich rzeczowników tworzymy przez dodanie **-s**:

Formy skrócone, np. **photo – photos, kilo – kilos**
Nazwy narodów, np. **Eskimo – Eskimos, Navajo – Navajos, Filipino – Filipinos**
Wyrazy obce, np. **macho – machos, piano – pianos, fiasco – fiascos**
Wyrazy zakończone na **-eo** lub **-io**, np. **video – videos, studio – studios**

● Niektóre rzeczowniki zakończone na **-o** mogą mieć w liczbie mnogiej zarówno końcówkę **-oes**, jak i **-os**:

mango, mosquito, tornado, volcano, zero, motto, buffalo, yoyo

● Rzeczownik **man** w liczbie mnogiej przybiera formę **men**, również w złożeniach:

Dutchman – Dutchmen, Scotsman – Scotsmen, chairman – chairmen

● Ta sama zasada dotyczy rzeczownika **woman**, który w liczbie mnogiej przybiera formę **women** [*wimin*].

i   Wyjątki: **Norman – Normans, Roman – Romans**

● Następujące wyrazy mają nieregularną liczbę mnogą:

> **child – children, foot – feet, goose – geese, tooth – teeth, mouse – mice, louse – lice**

● Następujące wyrazy mają liczbę mnogą taką samą jak liczbę pojedynczą:

> **sheep – sheep, deer – deer, fish – fish, salmon – salmon, trout – trout** (jak również inne gatunki ryb)

Istnieje również forma liczby mnogiej **fishes**, stosowana zwłaszcza wtedy, gdy chodzi o różne gatunki ryb.

● To samo dotyczy określeń narodowości, kończących się na **-ese** lub **-ss**:
Swiss – Swiss, Chinese – Chinese, Japanese – Japanese

● W niektórych złożeniach, szczególnie w połączeniach rzeczownika z przyimkiem, końcówkę liczby mnogiej dodajemy do pierwszego członu złożenia, np.:
mother-in-law – mothers-in-law, **passer-by – passers-by**

● W niektórych wypadkach oba elementy przyjmują końcówkę liczby mnogiej:
woman driver – women drivers, woman priest – women priests

2.3.3 Użycie liczby mnogiej
Przedmioty, które składają się z dwóch identycznych części, występują zawsze w liczbie mnogiej:

trousers	*spodnie*	**glasses**	*okulary*
jeans	*dżinsy*	**spectacles**	*okulary*
pyjamas	*piżama*	**binoculars**	*lornetka*
pants	*majtki (Am. spodnie)*	**dentures**	*sztuczna szczęka*
briefs	*majtki*	**scissors**	*nożyczki*
swimming trunks	*kąpielówki*	**pliers**	*kombinerki*
tights	*rajstopy*		

To samo dotyczy następujących wyrazów:

clothes	*ubranie*	**headquarters**	kwatera główna
thanks	*podziękowania*	**outskirts**	przedmieścia
congratulations	*gratulacje*	**goods**	dobra, towary
Middle Ages	*Średniowiecze*	**looks**	wygląd

Wszystkie te wyrazy występują z liczbą mnogą czasownika. Czasami wyraz **headquarters** stosowany jest z liczbą pojedynczą czasownika.

Wyraz **police** (*policja*) jest traktowany jak rzeczownik w liczbie mnogiej.

Następujące wyrazy nigdy nie występują w liczbie mnogiej, również związany z nimi czasownik występuje w liczbie pojedynczej:

information	*informacja, informacje*	**news**	*wiadomość, wiadomości*
advice	*rada, rady*	**progress**	*postęp, postępy*
knowledge	*wiedza*	**furniture**	*meble*

Niektóre wyrazy, które są określeniami pewnych grup, uważane są za występujące w liczbie pojedynczej lub mnogiej, w zależności od tego, czy mówimy o danej grupie jako o pewnej całości (liczba pojedyncza), czy też mamy na myśli jej poszczególnych członków (liczba mnoga):

class	*klasa*	**crowd**	*tłum*
company	*firma*	**army**	*armia*
crew	*załoga*	**public**	*ogół*
team	*drużyna*	**staff**	*personel*
party	*partia*	**family**	*rodzina*
audience	*publiczność*	**orchestra**	*orkiestra*

Rzeczowniki kończące się na **-ics** są traktowane jako forma liczby pojedynczej, jeśli są określeniami **przedmiotów szkolnych lub akademickich albo nazwami dziedzin nauki:**

acoustics	*akustyka*	**maths,**	matematyka
statistics	*statystyka*	**mathematics**	
linguistics	*lingwistyka*	**physics**	fizyka
economics	*ekonomia*	**athletics**	atletyka
politics	*polityka*	**gymnastics**	gimnastyka

Niektóre z nich, np. **economics, politics, acoustics, statistics,** są uważane za formę liczby mnogiej, jeśli nie są nazwami specjalistycznymi:

The acoustics in this church **are**
not very good.

*Akustyka w tym kościele nie jest
zbyt dobra.*

2.4 Dopełniacz

Sposoby tworzenia dopełniacza:

● Do nazw osób i zwierząt w liczbie pojedynczej dodajemy **-'s**:

the man's car, our dog's puppies, Simon's room

● Jeśli jakiś wyraz kończy się na **-s**, dodajemy jeszcze jedno **-'s** albo sam apostrof **(-')**:

Mr Aldiss's house / Mr Aldiss' house

● Do nazw osób i zwierząt w liczbie mnogiej (tworzonej regularnie) dodajemy apostrof:

the boys' socks, my parents' records

● W wypadku rzeczowników w liczbie mnogiej tworzonej nieregularnie dodajemy **-'s**:

the children's pets, women's clothes, the mice's diet

● W przypadku przedmiotów na ogół dodajemy przed wyrazem **of the**:

the end of the journey, at the top of the cupboard

2.4.1 Użycie dopełniacza
Dla nazw niektórych przedmiotów oprócz dopełniacza z **of** jest też możliwe utworzenie formy z **-s.** Są to na ogół **nazwy miejscowości i państw,** a także **określenia czasu,** takie jak **today, yesterday, tomorrow, last week** itp.:

Bordeaux's wine estates are world
famous.
Tomorrow's match is going to be
very exciting.
Teachers' pay is not very high.

*Wina z Bordeaux są znane na całym
świecie.*
*Jutrzejszy mecz będzie bardzo eks-
cytujący.*
*Płace nauczycieli nie są zbyt wyso-
kie.*

2 Rzeczownik

Formę dopełniacza z **-s** stosujemy przy określeniach czasu, gdy po nich występuje rzeczownik:

in a week's time	*za tydzień*
an hour's delay	*godzinne opóźnienie*
a minute's silence	*minuta ciszy*
a day's work	*całodzienna praca*

2.4.2 Pomocnicze słowo *one*

Jeśli nie chcemy powtarzać rzeczownika policzalnego, możemy go zastąpić słowem **one** (liczba pojedyncza) lub **ones** (liczba mnoga):

This sweater is a bit thin. Have you got a thicker **one?**	*Ten sweter jest za cienki. Czy masz grubszy?*
Would you like an olive?	*Może poczęstujesz się oliwką?*
No thanks, I only eat black **ones.**	*Nie, dziękuję, jem tylko czarne.*

20

3 Zaimek

3.1 Zaimki osobowe

Zaimki osobowe w języku angielskim mogą być używane jako podmiot lub dopełnienie:

podmiot		dopełnienie	
I	*ja*	**me**	*mnie*
you	*ty, Pan, Pani*	**you**	*ciebie / tobie, Pana / Panu, Panią / Pani*
he	*on*	**him**	*jego / jemu*
she	*ona*	**her**	*jej / ją*
it	*ono*	**it**	*jego/ jemu*
we	*my*	**us**	*nas / nam*
you	*wy, Państwo*	**you**	*was / wam, Państwa / Państwu*
they	*oni*	**them**	*ich / im*

- Jeśli mówimy o zwierzętach domowych lub o innych zwierzętach, do których mamy stosunek emocjonalny, wówczas używamy formy **he / she**.

- Jeśli mówimy o zwierzętach ogólnie i nie jest ważne, jakiej są płci, wówczas używamy formy **it**.

- Mówiąc o **przedmiotach i pojęciach**, używamy formy **it**. W stosunku do samochodów, łodzi i statków niekiedy używa się formy **she**.

  – What's your rabbit's name?   *Jak się nazywa twój królik?*
  – **She**'s called Fluffy.   *Nazywa się Fluffy.*
  Look at that dog: **it**'s very nice!   *Spójrz na tego psa: jest bardzo ładny!*

Jeśli używamy przyimków **to** i **for** z zaimkiem osobowym, to w połączeniu z niektórymi czasownikami przyimek może nie być potrzebny. Wówczas zaimek występuje bezpośrednio po czasowniku.

W takim przypadku w połączeniu z **to** mogą występować następujące czasowniki:

bring, give, hand, lend, offer, owe, pass, promise, sell, send, show, teach, tell, write

W połączeniu z **for** występują np.:

buy, cook, fetch, find, get, leave, make, save

We gave the plant **to them**. We gave **them** the plant. She saved a few bottles **for me**. She saved **me** a few bottles.	*Daliśmy im tę roślinę.* *Zachowała dla mnie kilka butelek.*

Jeśli oba dopełnienia są zaimkami, poprawne są również obie formy (z **for** lub **to** albo bez tych przyimków); wówczas istnieją następujące możliwości szyku wyrazów w zdaniu:

We gave **it to them**. We gave **them it**. She saved **them for me**. She saved **me them**.	*Daliśmy to im.* *Zachowała je dla mnie.*

3.2 Zaimki dzierżawcze

3.2.1 Zaimki dzierżawcze przymiotnikowe
Zaimki dzierżawcze przymiotnikowe w języku angielskim nie zmieniają swojej formy:

my	*mój (moja, moje)*
your	*twój (twoja, twoje)*, *Pana, Pani*
his	*jego*
her	*jej*
its	*jego*
our	*nasze*
your	*wasze, Państwa*
their	*ich*

3.2.2 *one's*
Zaimek dzierżawczy od **one** ma formę **one's**:

One has to look after **one's** health in old age.	*Trzeba dbać o swoje zdrowie* *w starszym wieku.*

3.2.3 Zaimki dzierżawcze rzeczownikowe

Zaimki dzierżawcze rzeczownikowe zastępują zaimek dzierżawczy + rzeczownik (np. **his wife**). Tworzymy je przez dodanie **-s** do formy zaimka dzierżawczego przymiotnikowego; wyjątek stanowią zaimki **mine** i **his**:

mine	*mój (moja, moje)*
yours	*twój (twoja, twoje), Pana, Pani*
his	*jego*
hers	*jej*
its	*jego*
ours	*nasz, nasze*
yours	*wasz, wasze, Państwa*
theirs	*ich*

That's her house, this is **ours**.   *To jest jej dom, ten jest* **nasz**.

3.3 Zaimki zwrotne

Zaimek zwrotny w języku angielskim odpowiada polskiemu „się":

I comb **myself**.	*Ja czeszę się.*
You comb **yourself**.	*Ty czeszesz / Pan czesze się.*
He combs **himself**.	*On czesze się.*
She combs **herself**.	*Ona czesze się.*
It combs **itself**.	*Ono czesze się.*
We comb **ourselves**.	*My czeszemy się.*
You comb **yourselves**.	*Wy czeszecie się / Państwo czeszą się.*
They comb **themselves**.	*Oni czeszą się.*

3.3.1 Użycie zaimków zwrotnych

Niektóre czasowniki w języku angielskim nie łączą się z zaimkiem zwrotnym, w przeciwieństwie do języka polskiego. Należą do nich:

concentrate	*koncentrować się*
meet	*spotykać się*
move	*ruszać się*
remember	*przypominać sobie*
hurry (up)	*spieszyć się*
dress / get dressed	*ubierać się*
change / get changed	*przebierać się*

wash / get washed	myć się
get ready	szykować się
be interested in	interesować się czymś
look forward to	cieszyć się na coś

3.3.2 each other / one another

Each other i **one another** oznaczają: „wzajemnie", „siebie / sobie nawzajem". **Each other** używamy, mówiąc o dwóch osobach, **one another**, gdy mówimy o wielu osobach:

Why do they have to shout at **each other?**

Dlaczego oni muszą na siebie krzyczeć?

All the villagers helped **one another** during the floods.

Wszyscy mieszkańcy wioski pomagali sobie nawzajem w czasie powodzi.

3.3.3 me, him, us itd. w znaczeniu „sobie, sobą"

Po przyimkach określających miejsce z reguły występują zaimki osobowe **me, her, them** itd.

He hasn't got any money **on him.**

On nie ma przy sobie pieniędzy.

She hid the briefcase **behind her.**

Ukryła teczkę za sobą.

3.4 Zaimki wskazujące

● **This** (liczba pojedyncza) i **these** (liczba mnoga) wskazują na coś blisko położonego, również w czasie.

● **That** (liczba pojedyncza) i **those** (liczba mnoga) wskazują na coś dalej położonego, również w czasie.

Jednak wybór między **this / these** a **that / those** jest niekiedy bardzo subiektywny:

Is **this** his desk?

Czy to jest jego biurko?

What are **these** glasses doing here?

Co robią tu te szklanki?

That's my school.

To moja szkoła.

Did you water **those** plants on the window-ledge?

Czy podlałeś tamte kwiaty na parapecie?

That i **those** mogą też być stosowane, aby wzmocnić emocjonalne zabarwienie wypowiedzi:

I hate **those** jeans!

Nie cierpię tych dżinsów!

You should be much stricter with **that** boy!

Powinieneś postępować z tym chłopcem bardziej surowo!

4 Przymiotnik

4.1 Forma przymiotnika

W języku angielskim forma przymiotnika pozostaje zawsze taka sama, niezależnie od tego, czy odnosi się do rzeczownika rodzaju męskiego czy żeńskiego, w liczbie pojedynczej czy mnogiej:

a **nice** boy	*miły chłopiec*
a **nice** girl	*miła dziewczyna*
a **nice** family	*miła rodzina*
nice children	*miłe dzieci*

4.2 Stopniowanie przymiotników

Przymiotniki jednosylabowe stopniujemy przez dodanie **-er** / **-est**:

Stopień równy	Stopień wyższy	Stopień najwyższy
long *długi, -a, -e*	long**er** *dłuższy, -a, -e*	long**est** *najdłuższy, -a, -e*
clean	clean**er**	clean**est**

● Pojedyncza spółgłoska na końcu wyrazu, występująca po krótkiej samogłosce, jest podwajana:

big	*duży*	big**ger**	big**gest**
fat	*gruby*	fat**ter**	fat**test**

● Do niemego końcowego **-e** dodajemy **-r** / **-st**:

close	*bliski*	close**r**	close**st**

Przymiotniki dwusylabowe kończące się na **-er, -le, -ow** lub **-y** również stopniujemy, dodając **-er** / **-est**. W tym ostatnim wypadku **-y** zamienia się w **-i-**:

Stopień równy		Stopień wyższy	Stopień najwyższy
clever	*mądry, sprytny*	clever**er**	clever**est**
simple	*prosty*	simpl**er**	simpl**est**
hollow	*pusty, wydrążony*	hollow**er**	hollow**est**
funny	*śmieszny*	funn**ier**	funn**iest**

Wyjątek: eager   *pełen zapału*   **more** *eager*   **most** *eager*

Wielosylabowe przymiotniki stopniujemy przez dodanie słowa posiłkowego
more / **most**:

Stopień równy		Stopień wyższy	Stopień najwyższy
helpful	*pomocny*	**more** helpful	**most** helpful
impatient	*niecierpliwy*	**more** impatient	**most** impatient
incredible	*niewiarygodny*	**more** incredible	**most** incredible

Przymiotniki (także jednosylabowe) kończące się na **-ing** lub **-ed** również stopniujemy, dodając słowo posiłkowe **more** / **most**:

charming	*czarujący*	**more** charming	**most** charming
bored	*znudzony*	**more** bored	**most** bored

Niektóre przymiotniki mogą przybierać obie formy. Należą do nich:

handsome – *przystojny*   **polite** – *uprzejmy*
stupid – *głupi*   **quiet** – *cichy, spokojny*
wicked – *zły*

He's **politer** / **more polite** than   *On jest bardziej uprzejmy niż ty.*
you.

Następujące przymiotniki tworzą stopień wyższy i najwyższy w sposób nieregularny:

Stopień równy		Stopień wyższy	Stopień najwyższy
bad	*zły*	**worse**	**worst**
good	*dobry*	**better**	**best**
many	*wiele*	**more**	**most**
little	*mały*	**smaller**	**smallest**
far	*daleki*	**further**	**furthest**
	lub	**farther**	**farthest**

4.3 Porównanie

tak ... jak = **as** ... **as**

You're **as** clever **as** your father.   *Jesteś tak mądry jak twój ojciec.*

stopień wyższy + „niż" = **than**

She's taller **than** her mother.   *Ona jest wyższa niż jej matka.*

„im ... tym" = **the** + **stopień wyższy** ... **the** + **stopień wyższy**

The fatter he gets, **the more**   *Im bardziej tyje, tym bardziej staje*
greedy he gets.   *się łakomy.*

„coraz ..." = **-er and -er** / **more and more**...

His beard is growing **longer and**   *Jego broda jest coraz dłuższa.*
longer.
The story is becoming **more and**   *Ta opowieść staje się coraz bar-*
more exciting.   *dziej ekscytująca.*

„mniej" + przymiotnik = **less** + przymiotnik

The exam was **less difficult** than I   *Egzamin był mniej trudny niż się*
had expected.   *spodziewałem.*

4.4 Przymiotniki pełniące funkcję rzeczowników

Niektóre przymiotniki mogą być stosowane jako rzeczowniki. Występują wtedy w liczbie mnogiej, z **the** na początku, bez **-s** na końcu.

the rich	*bogaci*
the poor	*biedni*
the unemployed	*bezrobotni*
the disabled	*niepełnosprawni*

Do tej grupy zaliczamy też określenia narodowości:

the Swiss	*Szwajcarzy*
the British	*Brytyjczycy*
the Chinese	*Chińczycy*
the Dutch	*Holendrzy*
the French	*Francuzi*

Niektóre przymiotniki przekształciły się w „normalne" rzeczowniki (mające **-s** w liczbie mnogiej):

a conservative	*konserwatysta*
a vegetarian	*wegetarianin*
a black	*czarnoskóry*
a white	*biały (człowiek)*

Należą tu też nazwy narodowości i mieszkańców miast:

a German	*Niemiec / Niemka*
an Austrian	*Austriak / Austriaczka*
a Norwegian	*Norweg/ Norweżka*
a Scot	*Szkot / Szkotka*
an Italian	*Włoch / Włoszka*
a Venetian	*Wenecjanin / Wenecjanka*
a Glaswegian	*mieszkaniec / mieszkanka Glasgow*

5 Przysłówek

Przysłówek określa bliżej czasownik, przymiotnik, inny przysłówek lub całe zdanie:

He **writes quickly.**	*On pisze szybko.*
She hurt herself **quite badly.**	*Zraniła się dość poważnie.*
Luckily he's a doctor.	*Na szczęście on jest lekarzem.*

Istnieją dwa rodzaje przysłówków: pierwsze pochodzą od przymiotników i są zakończone na **-ly** (np. **quickly, easily**); drugą grupę tworzą te, które od początku były przysłówkami, np. **always, soon, how, last week** itd.

5.1 Tworzenie przysłówków zakończonych na -*ly*

Większość przysłówków pochodzących od przymiotników tworzymy przez dodanie **-ly**, przy czym należy uwzględnić następujące warianty:

- **-le** zamienia się w **-ly**   simp**le**   –   simp**ly**

- **-y** zamienia się w **-ily**   eas**y**   –   eas**ily**

- **-ic** zamienia się w **-ically**   automat**ic**   –   automat**ically**
  Wyjątek: publ**ic**   –   publ**icly**

- Nieme **-e** znika w przysłówkach utworzonych od następujących przymiotników:

tru**e**	–	tru**ly**
du**e**	–	du**ly**
whol**e**	–	whol**ly**

- **-ful** zamienia się w **-fully**

Określenia czasu zakończone na **-ly** (**daily, weekly, monthly, yearly, hourly** itd.) i pełniące funkcję przysłówka mają tę samą formę:

This is my **daily** ration of beer.	To jest moja dzienna porcja piwa.
The nurse visits him **daily.**	Pielęgniarka odwiedza go codziennie.

Następujące przymiotniki i przysłówki mają tę samą formę i na ogół to samo znaczenie:

Przymiotnik		Przysłówek	
deep	głęboki	deep	głęboko
early	wczesny	early	wcześnie
far	daleki	far	daleko
fast	szybki	fast	szybko
hard	twardy, trudny, ciężki	hard	mocno, trudno, ciężko
high	wysoki	high	wysoko
late	późny	late	późno
long	długi	long	długo
low	niski	low	nisko
straight	prosty, bezpośredni	straight	prosto, bezpośrednio
near	bliski	near	blisko

Niektóre z tych przysłówków występują z końcówką **-ly,** przy czym mają wówczas inne znaczenie:

deeply	bardzo, głęboko	**lately**	ostatnio
hardly	prawie wcale	**nearly**	prawie
highly	bardzo, niezmiernie		

Również znaczenie następujących przysłówków różni się od znaczenia przymiotników:

barely	prawie nie, prawie wcale	**mostly**	w większości
fairly	dość	**scarcely**	prawie wcale
justly	sprawiedliwie	**shortly**	wkrótce

Niektóre przymiotniki kończące się na **-ly** nie mogą tworzyć przysłówków. Trzeba wówczas użyć odpowiedniego wyrażenia:

She gave me a friendly smile. Uśmiechnęła się do mnie przyjaźnie.

He gave me a silly look. Popatrzył na mnie głupio.

i Koniecznie zapamiętaj!
Przysłówek od **good** to **well**.

Niektóre wyrazy mają różne znaczenia, w zależności od tego, czy używamy ich jako przymiotnika czy jako przysłówka:

Przymiotnik		Przysłówek	
just	*sprawiedliwy*	**just**	*właśnie, tylko, po prostu*
only	*jedyny*	**only**	*tylko*
pretty	*ładny*	**pretty**	*dość*
well	*zdrowy*	**well**	*dobrze*

5.2 Stopniowanie przysłówków

● Wszystkie **przysłówki jednosylabowe** oraz przysłówek **early** stopniujemy, dodając końcówki **-er** / **-est**.

● Tak jak w wypadku przymiotników, do niemego **-e** na końcu wyrazu dodajemy **-r** / **-st**, a końcowe **-y** zamienia się w **-i-**:

Stopień równy		Stopień wyższy	Stopień najwyższy
fast	*szybko*	fast**er**	fast**est**
late	*późno*	lat**er**	lat**est**
early	*wcześnie*	earl**ier**	earl**iest**

Przysłówki wielosylabowe (oprócz **early**) stopniujemy przez dodanie słowa posiłkowego **more** / **most**:

Stopień równy		Stopień wyższy	Stopień najwyższy
happily	*szczęśliwie*	**more** happily	**most** happily
regularly	*regularnie*	**more** regularly	**most** regularly
often	*często*	**more** often	**most** often

Następujące przysłówki tworzą stopień wyższy i najwyższy w sposób nieregularny:

Stopień równy		Stopień wyższy	Stopień najwyższy
well	*dobrze*	**better**	**best**
badly	*źle*	**worse**	**worst**
much	*dużo*	**more**	**most**
little	*mało*	**less**	**least**
far	*daleko*	**further/farther**	**furthest/farthest**

5.3 Porównanie

- **Than** tłumaczymy jako **niż**:

  She's smaller **than** me.

- **As ... as** tłumaczymy jako **tak ... jak**:

  He's **as** rich **as** his brother.

- Jeśli po **than** lub **as** występuje zaimek osobowy, to ma on formę dopełnienia:

  He's faster **than me** / **her** itd. / She's as slow **as me** / **him** itd.

- Zaimek osobowy może również przyjąć formę podmiotu, po którym następuje czasownik lub czasownik pomocniczy:

  She eats more **than I do**. / I was as frightened **as he was**.

- Po **czasownikach oznaczających postrzeganie za pomocą zmysłów** występuje na ogół przymiotnik, a nie przysłówek (nie ma formy **-ly**), jeśli czasowniki te wyrażają jakiś stan lub właściwość:

feel	*czuć (dotykiem)*	**sound**	*brzmieć*
look	*wyglądać*	**taste**	*smakować*
smell	*pachnieć*		

6 Szyk wyrazów w zdaniu

Zazwyczaj w języku angielskim występuje następujący szyk wyrazów w zdaniu:

Podmiot	Orzeczenie	Dopełnienie
Peter	is peeling	potatoes.
Peter	*obiera*	*kartofle.*

6.1 Miejsce występowania przysłówków

Przysłówki wyrażające **sposób robienia czegoś** (odpowiadające na pytanie: *jak?*) występują na ogół:

● w wypadku czasowników przechodnich – przed czasownikiem lub po dopełnieniu

● w wypadku czasowników nieprzechodnich – po czasowniku

He **hurriedly** finished his tea.	*Pospiesznie dopił herbatę.*
She had **hardly** said a word.	*Prawie nic nie powiedziała.*
They shouted her name **loudly**.	*Głośno wykrzyczeli jej imię.*
Everyone sat there **quietly**.	*Wszyscy siedzieli cicho.*

Przysłówki określające **miejsce** (odpowiadające na pytania: *gdzie? dokąd?*) i **czas** (odpowiadające na pytanie: *kiedy?*) występują:

● na końcu zdania

● na początku zdania (jeśli chcemy szczególnie zaakcentować przysłówek, z wyjątkiem tych, które odpowiadają na pytanie: *dokąd?*, ponieważ one nie występują na początku zdania)

I'm going **to town**.	*Idę do miasta.*
He's coming **at half past four**.	*On przyjdzie o wpół do piątej.*
In Spain, people eat quite late.	*W Hiszpanii jada się dość późno.*
On Monday we fly to Cannes.	*W poniedziałek lecimy do Cannes.*

Przysłówki pochodzące od przymiotników (przymiotnik + **-ly**) oraz wyrażające **częstotliwość (always, usually, never** itd.) występują na ogół:

● przed czasownikiem zwykłym

● po czasowniku **be** lub po pierwszym czasowniku pomocniczym

W celu podkreślenia przysłówki te mogą niekiedy występować na początku zdania:

He **usually sleeps** until ten.	*Zazwyczaj śpi do dziesiątej.*
I'm **always** tired.	*Jestem zawsze zmęczony.*
They **had never seen** their father.	*Nigdy nie widzieli swojego ojca.*
Sometimes he stays indoors all day long.	*Czasami siedzi w domu cały dzień.*

Jeśli w zdaniu pojawiają się przysłówki różnych kategorii, to kolejność jest następująca:

● przysłówek sposobu przed przysłówkiem miejsca

● przysłówek miejsca przed przysłówkiem czasu

● dokładniejsze określenia czasu przed bardziej ogólnymi

She **slowly** lifted the teapot **out of the box.**	*Powoli wyjęła dzbanek z pudełka.*
I'll be **in the bar at nine.**	*Będę w barze o dziewiątej.*
They're getting married **at 10 o'clock on Saturday.**	*Biorą ślub w sobotę o dziesiątej.*

Przysłówki wyrażające stopień (np. **very, quite, too, extremely, a bit**) mają to samo miejsce występowania co w języku polskim, jeśli odnoszą się do przymiotników lub innych przysłówków.

Jeżeli przysłówki wyrażające stopień, takie jak **almost, hardly, nearly, just** itd., odnoszą się do czasownika, występują przed czasownikiem:

I **almost fell** off the ladder.	*Prawie spadłam z drabiny.*
The match **hardly started** when there was a heavy shower.	*Mecz ledwo się zaczął, kiedy spadł ulewny deszcz.*

6.2 Szyk przestawny (inwersja)

W następujących wypadkach zamieniamy miejscami podmiot z orzeczeniem:

● po **so** i **neither** / **nor**, tłumaczonych jako *też, również* lub *również nie*

● po niektórych przysłówkach występujących na początku zdania, np.:

never	*nigdy*
not only	*nie tylko*
only then	*dopiero wtedy*
no sooner + przestawienie: orzeczenie, podmiot ... **than**	*dopiero ..., gdy*
scarcely + przestawienie: orzeczenie, podmiot ... **when**	*ledwo ..., gdy / kiedy*
rarely, seldom	*rzadko*

I like it. – **So do I.**
I can't read. – **Neither can I.**
No sooner had I put the phone down **than** the doorbell rang.
Rarely had he seen such a fine specimen.

Podoba mi się. – Mnie też.
Nie umiem czytać. – Ja też nie.
Ledwo odłożyłam słuchawkę, gdy zadzwonił dzwonek u drzwi.
Rzadko widywał taki ładny egzemplarz.

7 Pytanie i przeczenie

7.1 Pytanie

Pytania z czasownikiem **be** oraz z czasownikami pomocniczymi **have, will, can, could, may, might, must, should, need** i **ought (to)** tworzymy, zamieniając miejscami podmiot i orzeczenie.

Is he there?	*Czy on tam jest?*
Can you help me?	*Czy możesz mi pomóc?*
Have you seen Michael?	*Czy widziałaś Michael'a?*

W wypadku innych czasowników pytania tworzymy za pomocą **do** / **does** (czas teraźniejszy) lub **did** (czas przeszły) + **bezokolicznik** bez **to**. Kolejność pozostałych wyrazów pozostaje taka sama jak w zdaniu oznajmującym :

Podmiot	+	**Orzeczenie**	+	**Dopełnienie**
He		hates		fish.

do / does / did	+	**Podmiot**	+	**Orzeczenie**	+	**Dopełnienie**
Does		he		hate		fish?

Pytania rozpoczynające się od **why, when, which** itp. tworzymy również za pomocą **do** + **bezokolicznik** bez **to**:

Why do they live there?	*Dlaczego tam mieszkają?*
Where does she work?	*Gdzie ona pracuje?*
When did you find out?	*Kiedy się dowiedziałeś?*

Wyjątek stanowią słowa rozpoczynające pytania, będące podmiotem lub jego częścią. Odpowiadają wówczas na pytania: *kto? co?* i występuje po nich czasownik bez **do**.

Who told you that?	*Kto ci to powiedział?*
Which room is ours?	*Który pokój jest nasz?*

7.2 Przeczenie

● Zdania przeczące z takimi czasownikami jak **be** oraz **have, will, can, could, must, should, need** i **dare** tworzymy, dodając do czasownika **not** lub skróconą formę **-n't**.

● W wypadku czasowników **may, might i ought (to)** dodajemy **not**; rzadko spotykaną formą jest **mightn't** i **oughtn't**.

36

● **I am (I'm)** zamienia się w **I'm not** lub **I am not**.

● **I can** zamienia się w **I can't** lub **I cannot**.

● **I will (I'll)** zamienia się w **I won't** lub **I will not**.

He **isn't** in. / He**'s not** in.	*Nie ma go.*
You **shouldn't** say that.	*Nie powinieneś tego mówić.*
She **won't** open the door.	*Ona nie otworzy drzwi.*
They **might not** come.	*Być może nie przyjdą.*

● W wypadku innych czasowników tworzymy przeczenie za pomocą **don't / doesn't / didn't + bezokolicznik bez to**. Dotyczy to również czasownika **have**.

They **don't** eat pork.	*Nie jedzą wieprzowiny.*
We **didn't** have any change.	*Nie mieliśmy drobnych.*

● Jeśli chcemy podkreślić przeczenie oraz w języku oficjalnym (mówionym i pisanym), stosujemy **not** (zamiast skróconej formy **-n't**).

Dla czasownika **have** w znaczeniu „mieć, posiadać" istnieją dwie możliwości tworzenia przeczenia:

I haven't got / don't have any money.	*Nie mam pieniędzy.*

7.3 Pytanie z formą przeczącą

● W pytaniach zawierających formę przeczącą do pierwszego czasownika dodajemy **-n't**.

● **Am I** zamienia się wówczas w **aren't I**:

Doesn't he speak English?	*Czy on nie mówi po angielsku?*
Haven't you got a handkerchief?	*Czy nie masz chusteczki?*
Aren't I generous?	*Czyż nie jestem wspaniałomyślny?*

7.4 Krótkie odpowiedzi

W krótkich odpowiedziach powtarzamy pierwszy czasownik, który wystąpił w pytaniu:

– **Can** I eat now?	*Czy mogę teraz jeść?*
– Yes, **you can.**	*Tak, możesz.*
– **Do** you like Chopin?	*Czy lubisz Chopina?*
– Yes, **I do.**	*Tak, lubię.*

7.5 Question tags

W pytaniach, na które spodziewamy się odpowiedzi twierdzącej, powtarzamy na końcu czasownik **be, have** i czasowniki modalne (**will, must, can, should** itd.). Odpowiadają one polskiemu „prawda?".

You can swim, **can't you?**   *Umiesz pływać, prawda?*

● W zdaniu twierdzącym **question tag** (dodany czasownik na końcu) występuje w formie przeczącej, w zdaniu przeczącym – w formie twierdzącej:

You're a physicist, **aren't you?**   *Pan jest fizykiem, prawda?*
He can't speak Japanese, **can he?**   *On nie umie mówić po japońsku, prawda?*

● Na końcu zdań z pozostałymi czasownikami (poza **be, have** i modalnymi) występuje odpowiednia forma **do:**

You like apples, **don't you?**   *Lubisz jabłka, prawda?*
He lives here, **doesn't he?**   *On tu mieszka, prawda?*

● Również w tych zdaniach obowiązuje reguła:
w zdaniu twierdzącym **question tag** występuje w formie przeczącej, w zdaniu przeczącym – w formie twierdzącej.

Najłatwiej jest najpierw utworzyć „normalne" pytanie, a później zdanie z **question tag:**

Do you remember me?   *Pamiętasz mnie?*
You remember me, **don't you?**   *Pamiętasz mnie, prawda?*

8 Czasownik

8.1 Czasy teraźniejsze: *Present Simple* (czas teraźniejszy prosty)
i *Present Continuous* (czas teraźniejszy ciągły)

8.1.1 Tworzenie czasu *Present Simple*
Przy odmianie czasownika w czasie Present Simple inną od pozostałych formę
ma tylko 3. osoba liczby pojedynczej (**he, she, it, the dog, my brother** itd.).

Na ogół dodajemy **-s** do formy podstawowej czasownika:

talk – he talk**s**   run – she run**s**   kick – the horse kick**s**

W wypadku czasowników, które kończą się na **-s, -sh, -ch** lub **-x**, dodajemy
-es do formy podstawowej:

miss – she miss**es**   push – it push**es**
catch – it catch**es**   fax – he fax**es**

W wypadku czasowników zakończonych na spółgłoskę (**m, p, s, v** itd.) + **-y**,
tworzymy końcówkę **-ies**:

carry – it carr**ies**   try – she tr**ies**   deny – he den**ies**

Jeśli **-y** występuje po samogłosce (**a, e, i, o, u**), to pozostaje bez zmian +
końcówka **-s**:

buy – he buy**s**   say – she say**s**   employ – it employ**s**

Inne wyjątki:

go – he go**es**   be – I **am**
do – it do**es**   you **are**
have – she **has**   he, she, it **is**
                     we, they **are**

8.1.2 Tworzenie czasu *Present Continuous*
Formę **-ing** tworzymy, dodając do **formy podstawowej czasownika** końcówkę **-ing**:

> talk + -ing = talking   dream + -ing = dreaming

Wyjątki:

● Likwidujemy końcowe nieme **-e**:

pace – pac**ing**   ride – rid**ing**

● Podwajamy spółgłoskę (**d, m, r** itp.) występującą po krótkiej akcentowanej samogłosce (**a, e, i, o, u**).

run – run**ning**   slam – slam**ming**
permit – permit**ting**   grab – grab**bing**

● Jeśli końcowa samogłoska nie jest akcentowana, nie podwajamy spółgłoski:

enter – enter**ing**   profit – profit**ing**

● Końcowe **-ie** zamieniamy na **-ying:**

lie – l**ying**   tie – t**ying**

● Podwajamy **-r** występujące na końcu po akcentowanej, pojedynczej samogłosce:

prefer – prefer**ring**

● Podwajamy **-l** występujące na końcu po pojedynczej samogłosce:

travel – travel**ling**   libel – libel**ling**

● Występujące na końcu **-c** zamieniamy na **-ck-:**

picnic – picni**cking**

Czas Present Continuous tworzymy w następujący sposób:

am / are / is + forma -ing lub formy skrócone **'m / 're / 's + forma -ing**

> I'm coming – we're eating – Jack is crying – my parents are gardening

8.1.3 Użycie czasu *Present Simple*

Czasu teraźniejszego prostego Present Simple używamy, gdy mówimy o czynnościach, które regularnie się powtarzają, o nawykach lub zwyczajach.

I **eat** five pieces of fruit a day.	*Zjadam dziennie pięć owoców.*
She **writes** to all her friends.	*Ona pisuje do wszystkich swoich przyjaciół.*

Czasu tego używamy też, mówiąc o zawodach lub długotrwałych zajęciach lub zadaniach:

My brother **sings** in a rock band.	*Mój brat śpiewa w zespole rockowym.*
Laura **writes** computer programs.	*Laura pisze programy komputerowe.*

W czasie Present Simple wyrażamy też ogólne prawdy i prawa natury:

Water **consists of** hydrogen and oxygen.	*Woda składa się z wodoru i tlenu.*
Spring **starts** in March.	*Wiosna zaczyna się w marcu.*

8.1.4 Użycie czasu teraźniejszego ciągłego *Present Continuous*

Czasu tego używamy, gdy mówimy o czynnościach lub procesach, które właśnie trwają:

He's **sleeping**.	*On śpi.*
They're **lying** in the sun.	*Oni leżą w słońcu.*

W czasie Present Continuous opisujemy też czynności, które nie zostały jeszcze zakończone i trwają dłuższy czas.
Jeżeli do danego zdania pasuje określenie „w tej chwili" (at the moment), oznacza to, że powinniśmy użyć czasu Present Continuous:

Mary **is living** with her sister.	*Mary mieszka ze swoją siostrą (u swojej siostry).*
The tomatoes **are growing** really well this year.	*Pomidory rosną naprawdę dobrze w tym roku.*

Czasu Present Continuous używamy też, gdy mówimy o zachodzących zmianach:

Young John **is getting** bigger every day.	*Mały John rośnie z dnia na dzień.*

8.1.5 Czasowniki, które z reguły nie występują w formie -ing
Niektóre czasowniki rzadko występują z końcówką **-ing** w czasie teraźniejszym, ponieważ opisują pewne stany, nie procesy. Należą do nich m.in. następujące czasowniki w podanym tu znaczeniu:

believe	*wierzyć*	**think**	*myśleć*
hope	*mieć nadzieję*	**understand**	*rozumieć*
feel	*czuć*	**know**	*wiedzieć*
like	*lubić*	**mean**	*znaczyć*
hate	*nienawidzić*	**remember**	*pamiętać*
want	*chcieć*	**cost**	*kosztować*
wish	*życzyć*	**contain**	*zawierać*
sound	*brzmieć*	**belong**	*należeć*
look	*patrzeć, wyglądać*	**own**	*posiadać*
seem	*wydawać się*	**need**	*potrzebować*
see	*widzieć*		

it **depends**	*to zależy*
she **smells** lovely	*ona pięknie pachnie*
it **sounds** great	*to brzmi wspaniale*
this **tastes** strange	*to smakuje dziwnie*

Wymienione czasowniki, jeśli występują w formie **-ing**, to mają wówczas inne znaczenie:

He's **seeing** the doctor tomorrow.   *On jutro idzie do lekarza.*

8.1.6 Czasowniki to have i to be w Present Continuous
Czasownik **to have** w znaczeniu *mieć* nie występuje w formie **-ing**. Jednak może mieć inne znaczenia i wtedy ta forma jest możliwa:

Jamie **has** a new computer.	*Jamie ma nowy komputer.*
We're **having** our tea.	*Pijemy herbatę.*

Czasownik **to be** może występować w formie **-ing** w następujących sytuacjach:

● w stronie biernej

● w połączeniu z przymiotnikiem określającym pewien sposób zachowania

The house **is being** painted now.	*Dom jest teraz malowany.*
The dogs **are being** very quiet at the moment.	*Psy są w tej chwili bardzo spokojne.*

**8.2 Czasy przeszłe: *Past Simple* (czas przeszły prosty)
i *Past Continuous* (czas przeszły ciągły)**

8.2.1 Tworzenie czasu *Past Simple*
(Formy tego czasu czasowników nieregularnych są podane w tabeli na stronie 204).

● W wypadku czasowników regularnych dodajemy do formy podstawowej końcówkę **-ed**:

talk – talk**ed**   play – play**ed**   kick – kick**ed**

● Podwajamy pojedynczą spółgłoskę (**b, m, p** itd.) występującą po krótkiej samogłosce (**a, e, i, o, u**):

bug – bug**ged**   pot – pot**ted**   pad – pad**ded**

● Podwajamy pojedynczą spółgłoskę występującą po akcentowanej pojedynczej samogłosce w wyrazach dwusylabowych:

refer – refer**red**   occur – occur**red**

● Nie podwajamy pojedynczej spółgłoski występującej po nie akcentowanej pojedynczej samogłosce:

suffer – suffer**ed**   target – target**ed**   credit – credit**ed**

● Wyjątek stanowi pojedyncze **-l**, które w brytyjskim angielskim jest podwajane (a w amerykańskim angielskim nie):

travel – travel**led**   label – label**led**

● W czasownikach regularnych **-y** występujące po spółgłosce zamieniamy na **-ie-**:

try – tr**ied**   hurry – hurr**ied**   comply – compl**ied**

● Powyższa zasada nie obowiązuje, jeśli przed **-y** występuje samogłoska:

play – play**ed**   obey – obey**ed**

8.2.2 Użycie czasu *Past Simple*

Czasu Past Simple używamy, gdy mówimy o czynnościach, które wielokrotnie lub regularnie powtarzały się w przeszłości:

He **sometimes** called me up in the middle of the night.
She **visited** us every summer.

Czasami dzwonił do mnie w środku nocy.
Odwiedzała nas każdego lata.

Czasu Past Simple używamy też, mówiąc o pojedynczych czynnościach, które zostały zakończone w przeszłości. Często w zdaniu pojawia się dokładne określenie czasu, np. **last month**, lub mniej dokładne, np.: **during our holidays**:

We **went** to Malta in May.
He **wrote** his autobiography during the school holidays.

W maju pojechaliśmy na Maltę.
Napisał swoją autobiografię podczas wakacji szkolnych.

Czasu tego używamy również, gdy zdarzenia lub czynności następują kolejno po sobie:

He **searched** all over the house, **looked** under the beds, even **emptied** the dustbin, but **couldn't** find the letter.

Przeszukał cały dom, zajrzał pod łóżka, nawet opróżnił kosz, ale nie mógł znaleźć listu.

8.2.3 Tworzenie czasu *Past Continuous*
Czas ten tworzymy w sposób następujący: **was / were + forma -ing.**

He **was mowing** the lawn.   *Kosił trawę.*

8.2.4 Użycie czasu *Past Continuous*
Czasu tego używamy, gdy mówimy o czymś, co się działo w pewnym momencie w przeszłości. Jeżeli w danym zdaniu możemy dodać „w tym momencie" (mówiąc o przeszłości), to znaczy, że należy użyć czasu Past Continuous.

– What **was** she **doing** on the roof?
– She **was adjusting** the aerial.
On Friday afternoon we **were playing** tennis in the park.

Co ona robiła na dachu?
Poprawiała antenę.
W piątek po południu graliśmy w tenisa w parku.

Czasu tego używamy też, mówiąc o stopniowo zachodzących zmianach lub czynnościach, które nie zostały zakończone:

He **was getting** more and more ir-
ritable.
Last year they **were training** for the
Olympics.

Stawał się coraz bardziej poirytowa-
ny.
W zeszłym roku trenowali przed
igrzyskami olimpijskimi.

Czasu Past Continuous używamy również, mówiąc o czynnościach, które przebiegały równocześnie:

Last night Ron **was watching** TV,
the children **were playing** in the
garden, Rita **was clearing up** in
the kitchen and I **was walking** the
dogs.

Wczoraj wieczorem Ron oglądał te-
lewizję, dzieci bawiły się w ogro-
dzie, Rita sprzątała w kuchni, a ja
spacerowałam z psami.

8.2.5 Porównanie czasów: *Past Simple* i *Past Continuous*
Jeśli oba te czasy pojawiają się w zdaniu, często oznacza to, że jedna czyn-
ność właśnie się odbywała (Past Continuous), gdy nastąpiła druga czynność
(Past Simple):

He **was playing** the piano when
the phone **rang**.

On grał na pianinie, gdy zadzwonił
telefon.

8.3 *Past Simple* a *Present Perfect*

8.3.1 Tworzenie czasu *Present Perfect*
● Czas Present Perfect tworzymy w sposób następujący: **have / has + Past
Participle (tzw. 3. forma czasownika).**

● Często spotykamy **skrócone formy have w czasie Present Perfect:**

I've, you've, we've, they've; he's, she's, it's

● Formę przeczącą tworzymy na ogół za pomocą **haven't / hasn't + Past
Participle.**

● Past Participle, czyli tak zwana 3. forma czasownika, w przypadku czasowników regularnych jest identyczna z drugą formą, czyli formą czasu Past
Simple. Składa się ona z formy podstawowej czasownika + **-(e)d:**

want – wanted   **visit – visited**   **care – cared**

Dla czasowników nieregularnych Past Participle ma różne formy (zob. ta-
bela czasowników nieregularnych na stronie 204).

8.3.2 Użycie czasu *Past Simple* i czasu *Present Perfect*

Czas Past Simple opisuje zdarzenia i procesy, które miały miejsce w przeszłości, są zakończone i nie mają bezpośredniego związku z teraźniejszością:

As a racing driver he **won** 16 car races.	*Jako kierowca rajdowy wygrał 16 wyścigów.* *(Oznacza to, że już nie jest kierowcą rajdowym.)*

Czasu Present Perfect używamy, gdy istnieje związek między przeszłością a teraźniejszością. Możemy tu użyć takich zwrotów, jak „dotychczas", „do tej pory" (**until now, so far**):

As a racing driver he **has won** 16 car races.	*Jako kierowca rajdowy wygrał 16 wyścigów.* *(Oznacza to, że nadal jest kierowcą rajdowym i możliwe jest, że jeszcze wygra następne wyścigi.)*

Istnieją słowa, które są charakterystyczne dla czasu Past Simple i takie, które są charakterystyczne dla Present Perfect:

Past Simple		Present Perfect	
yesterday **last** night	*wczoraj* *wczoraj wieczorem, wczoraj w nocy*	**up to now,** **until / till now**	*dotychczas, do tej pory*
last week	*w ubiegłym tygodniu*	**so far** **yet** (*w zdaniach przeczących*)	*jak dotąd* *jeszcze nie*
last summer *itd.*	*w lecie ubiegłego roku*	**yet** (*w pytaniach*)	*już*
in 1982 **in** April **in** the evening *itd.*	*w 1982 roku* *w kwietniu* *wieczorem*	**lately**	*ostatnio*
at midday **at** Easter	*w południe* *w Święta Wielkanocne*	_____ _____	
at 3 o'clock *itd.*	*o trzeciej (godzinie)*	_____	
on August 3rd **on** Monday *itd.*	*trzeciego sierpnia* *w poniedziałek*	_____ _____	

Past Simple		Present Perfect
a year **ago** two days **ago** itd.	*rok temu dwa dni temu*	———————————— ————————————
just (then), when	*wtedy właśnie gdy, kiedy (również w pytaniach)*	———————————— ————————————

Jeśli w zdaniu nie występują słowa charakterystyczne dla danego czasu, to należy stosować następujące reguły:

Jeśli mówimy o zdarzeniach, które miały miejsce w odległej przeszłości, to używamy czasu **Past Simple**:

Dickens **wrote** a lot of novels.　　　*Dickens napisał dużo powieści.*

Również gdy mówimy o zdarzeniach, które miały miejsce niedawno, ale są zakończone, używamy czasu **Past Simple:**

They **ordered** us to go home.　　*Kazali nam iść do domu.*
He **went out**.　　　　　　　　　*Wyszedł.*

Jeśli coś miało miejsce w przeszłości i ma wpływ na teraźniejszość, istnieje powiązanie z teraźniejszością, wówczas używamy czasu **Present Perfect**:

They **have ordered** us to go home.　*Kazali nam iść do domu.*

(Oznacza to, że jeszcze nie poszliśmy, dopiero zamierzamy, czyli ten nakaz ma wpływ na teraźniejszość.)

He **has gone out**.　　　　　　　*Wyszedł.*

(Oznacza to, że wyszedł i nie ma go teraz w domu – jest powiązanie z teraźniejszością.)

Jeżeli jednak pojawia się słowo charakterystyczne dla **Past Simple**, wówczas nie możemy użyć **Present Perfect**:

He **went out** in the evening.　　*Wyszedł wieczorem.*

Jeśli nie jest istotne, **kiedy** coś się wydarzyło w przeszłości, stosujemy Present Perfect (możemy wówczas dodać: *kiedyś, wcześniej*):

I**'ve seen** that film before.　　　*Już widziałam ten film (wcześniej).*

Czasu **Present Perfect** używamy, gdy mówimy o czynnościach, procesach lub stanach, które rozpoczęły się w przeszłości i nadal trwają w teraźniejszości. Wówczas stosujemy czas **Present Perfect Continuous**:

She**'s been** with this company for five years.	*Jest w tej firmie od pięciu lat.*
I**'ve been sitting** in this room for two hours.	*Siedzę w tym pokoju od dwóch godzin.*

Słowo *od* można w języku angielskim wyrazić jako:

● **for** – gdy chodzi o pewien „ciąg" w czasie

● **since** – gdy chodzi o „punkt" w czasie

We**'ve** only **been** married **for two weeks.**	*Jesteśmy małżeństwem dopiero od dwóch tygodni.*
Our friends **have been** married **since July.**	*Nasi przyjaciele są małżeństwem od lipca.*

Oto kilka przykładów na użycie **for** i **since**:

for „ciąg" w czasie Na ogół podajemy długość trwania czegoś, używając wyrażeń z **a** / **an** lub liczby mnogiej:	**since** „punkt" w czasie Dokładnie podajemy „punkt", w którym coś nastąpiło:
for **a** month for **an** hour for some time for several week**s** for year**s**	since midnight since 5 o'clock since January since we last met since he left school

8.4 Czasy przyszłe

8.4.1 Wyrażanie przyszłości
Istnieją następujące możliwości wyrażania przyszłości:

1. forma will	She**'ll tell** you.	**will** / **shall** (często **'ll**)
2. be going to	I**'m going to** look for a new job.	**am** / **are** / **is going to** + forma podstawowa czasownika

3. Czas Present Continuous	They're leaving tomorrow.	am / are / is + -ing
4. Czas Present Simple	We **fly** to Goa on Friday.	**forma podstawowa czasownika**; przy **he, she, it** + **-(e)s**
5. Czas Future Continuous	**I'll be seeing** him on Monday.	**will / shall** (często **'ll**) **+ be + -ing**

Oto kilka innych ważnych informacji:

● Na ogół stosujemy (w języku mówionym) skróconą formę **will**, czyli **'ll**

● Skrócona forma przecząca od **will** brzmi **won't**.

● **Shall** jest rzadko używane, przecząca forma brzmi **shan't**.

Nasze wypowiedzi na temat przyszłości możemy podzielić następująco:

● **Przewidywanie tego, co się stanie**
● **Plany, zamiary**

8.4.2 Przewidywanie przyszłości
Czas **Future Simple** stosujemy w ogólnych stwierdzeniach:

It'**ll be** all right.   *Wszystko będzie dobrze.*

Zwrotu **going to** używamy, gdy dana osoba jest pewna, że coś nastąpi. Czasami widać, że coś się stanie:

He'**s going to fall**!   *On zaraz upadnie!*
Look at these clouds! It'**s going to rain**!   *Spójrz na te chmury! Będzie padać!*

Również czasu **Future Continuous** używamy niekiedy, mówiąc o wydarzeniach, co do których przewidujemy, że nastąpią:

They'**ll be arriving** in an hour.   *Przyjadą za godzinę.*

8.4.3 Zamiary, plany, uzgodnienia

Jeśli spontanicznie podejmujemy decyzję o tym, co zrobimy, wówczas stosujemy czas **Future Simple**:

I'll make us something to eat.	*Zrobię dla nas coś do jedzenia.*
We'll order a taxi to take us to the opera.	*Zamówimy taksówkę, żeby nas zawiozła do opery.*

Jeśli nasza decyzja jest wcześniej przemyślana, stosujemy **going to**:

I'm going to learn Japanese.	*Zamierzam uczyć się japońskiego.*
We're going to have a party and **invite** all our friends.	*Urządzimy przyjęcie i zaprosimy wszystkich naszych przyjaciół.*

Czasu **Present Continuous** używamy również, mówiąc o wcześniej zaplanowanych sprawach i ustaleniach. Podajemy wówczas określenie czasu, w celu zaznaczenia, że chodzi nam o przyszłość, nie o teraźniejszość:

On Sunday **I'm helping** my grandma in the garden, then **I'm going out** with Sarah.	*W niedzielę pomagam babci w ogródku, później wychodzę z Sarah.*

Często formy: **going to** oraz **Present Continuous** mogą być stosowane wymiennie, przy czym **going to** podkreśla zamiar konkretnej osoby, natomiast **Present Continuous** podkreśla samo ustalenie, plan:

When **are you going to see** your parents? When **are you seeing** your parents?	*Kiedy zamierzasz odwiedzić rodziców?*

W sytuacjach ogólnie ustalonych świąt, godzin otwarcia (np. sklepów), rozkładów jazdy itp., stosuje się **Present Simple**:

The next train to Brighton **leaves** at ten past two. The bar **closes** at midnight.	*Następny pociąg do Brighton odjeżdża dziesięć po drugiej. Bar zamykają o północy.*

8.4.4 *Future Perfect*
Czasu **Future Perfect (will / 'll have + Past Participle)** używamy, aby powiedzieć, że do określonego momentu w przyszłości coś już będzie zrobione:

By the end of March, I **will have written** 15 essays.	*Do końca marca napiszę 15 wypracowań.*

Czasu **Future Perfect Continuous (will / 'll have been + -ing)** używamy, gdy mówimy o czymś, co w danym momencie w przyszłości jeszcze będzie trwało, nie będzie zakończone:

On May 21st, we**'ll have been living** here for twelve years.

Dwudziestego pierwszego maja minie dwanaście lat, od kiedy tu mieszkamy.

8.5 *The Passive Voice* (strona bierna)

Strony biernej używamy m. in. po to, żeby powiedzieć o pewnej czynności, bez wymieniania osoby, która tę czynność wykonuje. Koncentrujemy się wówczas na tym, co się dzieje z jakąś osobą lub rzeczą.

Very good coffee **is served** in this restaurant.

W tej restauracji podawana jest bardzo dobra kawa.

8.5.1 Tworzenie strony biernej
Stronę bierną tworzymy w sposób następujący:

Podmiot + to be w odpowiednim czasie + **Past Participle**

They	were	invited.
Oni	*byli*	*zaproszeni.*

She**'s** always **invited** to parties.

Ona jest zawsze zapraszana na przyjęcia.

We **were welcomed** by the Prince.

Zostaliśmy powitani przez księcia.

I**'ve** never **been examined** by her.

Nigdy nie byłam egzaminowana przez nią.

Angielskie słowo **by** (someone) oznacza **przez** (*kogoś*). W pytaniach **by** występuje na końcu:

He was visited **by** a neighbour.
Who was he visited **by**?

Został odwiedzony przez sąsiada.
Przez kogo został odwiedzony?

8.5.2 Strona bierna „osobowa"
W języku angielskim możliwa jest konstrukcja, która nie istnieje w języku polskim:

I **was given** a present.

Dano mi prezent.

Oto kilka czasowników, które występują w tej konstrukcji:

advise	*radzić*	**sell**	*sprzedać*
tell	*powiedzieć*	**show**	*pokazać*

promise	obiecać	send	przysłać
order	kazać	bring	przynieść
prescribe	przepisać (receptę)	lend	pożyczyć
expect	oczekiwać	help	pomóc
offer	oferować	give	dać
allow	pozwalać	teach	nauczyć

I was advised to see a dentist.
Poradzono mi, żebym poszedł do dentysty.

Ten typ strony biernej czasami tłumaczymy na język polski za pomocą formy bezosobowej z się:

He **is told** to be rich.
Mówi się, że jest bogaty.

8.5.3 *-ing* **w stronie biernej**
Strony biernej z **-ing** używamy najczęściej, mówiąc o:

● teraźniejszości (**podmiot + am / are / is being + Past Participle**)

● przeszłości (**podmiot + was / were being + Past Participle**)

I think we**'re being watched.**
He **was being questioned** by the police.

Myślę, że jesteśmy obserwowani.
Był przesłuchiwany przez policję.

8.5.4 Inne konstrukcje w stronie biernej
Strony biernej używamy również:
● z formą **-ing** jako **Gerund** (**being + Past Participle**); np. **being done**
● z **to be + Past Participle**; np. **to be done**
● z czasownikami modalnymi (**czasownik modalny + be + Past Participle**); np. **can be done**

He loves **being tickled.**
You're too heavy **to be carried** up the stairs.
The earthquake **could be felt** fifty miles away.

Uwielbia, kiedy go się łaskocze.
Jesteś za ciężki, żeby cię nieść po schodach.
Trzęsienie ziemi było odczuwalne w odległości 50 mil.

Następujące konstrukcje w stronie biernej tworzymy, używając czasowników wyrażających opinie, zapewnienia, wypowiedzi:

podmiot	+	strona bierna czasownika	+	konstrukcja z bezokolicznikiem
She		is known		to have contacts with many famous people.

there	+	strona bierna czasownika	+	konstrukcja z bezokolicznikiem
There		are believed		to have been heavy snowfalls.

it	+	strona bierna czasownika	+	konstrukcja z that
It		is feared		that 20 people may have died.

Oto niektóre czasowniki występujące w tej konstrukcji (nie wszystkie można przetłumaczyć na język polski w stronie biernej):

it is said	*mówi się*
it is known	*wiadomo*
it is thought	*myśli się*
it is believed	*wierzy się*
it is felt	*odczuwa się*
it is supposed	*podejrzewa się*
it is feared	*istnieją obawy*
it is claimed	*twierdzi się*
it is reported	*zawiadamia się / donosi się*
it is understood	*rozumie się*
it is recognized	*uznaje się*
it is acknowledged	*uznaje się*

8.6 Imiesłów

8.6.1 Tworzenie różnych form imiesłowu
Oto formy imiesłowu w języku angielskim:

	forma czynna	forma bierna
Present Participle	**asking**	**being asked**
Past Participle	**asked**	
Perfect Participle	**having asked**	**having been aksed**

Tworzymy je w sposób następujący:

- **Present Participle** w stronie czynnej – to czasownik z końcówką **-ing**
- **Past Participle** (czyli tzw. 3. forma czasownika, np. done, given, opened, visited) w stronie czynnej i biernej tworzymy, dodając do czasowników regularnych końcówkę **-(e)d**
- **Perfect Participle** w stronie czynnej składa się z **having + Past Participle**
- **Present Participle** w stronie biernej składa się z **being + Past Participle**
- **Perfect Participle** w stronie biernej składa się z **having been + Past Participle**

8.6.2 Użycie imiesłowu
Present Participle i **Past Participle** używane są podobnie jak przymiotniki:

the **falling** rain	*padający deszcz*
a **roasted** chicken	*pieczony kurczak*

Nie zawsze jednak jest możliwe, aby imiesłów był umieszczony przed rzeczownikiem:

I heard a **child laughing**.　　　　*Słyszałem, jak dziecko się śmieje.*

Present Participle może występować po następujących czasownikach:

catch	łapać	keep	trzymać
find	znaleźć	leave	opuszczać, zostawiać

oraz po czasownikach oznaczających postrzeganie zmysłowe:

see	widzieć	notice	zauważyć
hear	słyszeć	watch	obserwować, oglądać
smell	wąchać	observe	obserwować
feel	czuć		

Struktura zdania wygląda wówczas następująco:

Orzeczenie	+	Dopełnienie	+	Present Participle	
I could hear		you		snoring	last night.
Ubiegłej nocy słyszałam, jak chrapiesz.					
They found		her		sitting	in the park.
Znaleźli ją siedzącą w parku.					

Jeśli dana czynność trwała krótko, wówczas po czasownikach **feel, hear, see, smell** i **watch** możemy użyć bezokolicznika bez **to** zamiast imiesłowu **Present Participle**:

I **saw** you **run** when your father turned up.

Widziałam, jak biegłaś, kiedy zjawił się twój tata.

Imiesłów **Present Participle** może występować bezpośrednio po czasownikach **come** i **go**:

They **came slithering** along the pavement.
The tyre **went bouncing** down the hill.

Przyszli, ślizgając się po chodniku.

Opona potoczyła się w dół wzgórza, podskakując.

Po następujących „statycznych" czasownikach może występować **Present Participle** lub **Past Participle**:

lie	*leżeć*	**sit**	*siedzieć*
remain	*pozostać*	**stand**	*stać*

W języku polskim używamy w tym miejscu imiesłowu lub zdania podrzędnego:

He **lay** there **smoking**.
We were asked to **remain seated**.

Leżał, paląc.
Poproszono nas, byśmy nie wstawali.

8.6.3 Imiesłów stosowany zamiast zdania podrzędnego
Imiesłowy **Present Participle** i **Past Participle** mogą zastąpić zdanie podrzędne, jeśli w obu zdaniach jest ten sam podmiot:

Turning the corner, I came face to face with my ex-husband.

Skręcając za róg, spotkałam się twarzą w twarz z moim byłym mężem.

Completely **surprised,** he sat there without saying a word.

Siedział zupełnie zaskoczony, nie mówiąc ani słowa.

Konstrukcję **having + Past Participle** tłumaczymy „po (zrobieniu czegoś)" lub „po tym, jak". W stronie biernej konstrukcja ta brzmi **having been + Past Participle**:

Having finished his work, he went to the cinema.
Having been offered two jobs, he didn't know, which to choose.

Po skończeniu pracy poszedł do kina.
Po tym, jak złożono mu dwie oferty pracy, nie wiedział, którą wybrać.

8.6.4 Imiesłów zamiast zdania względnego

Oba imiesłowy **Present Participle** i **Past Participle** mogą zastępować zdanie względne; występują wówczas po rzeczowniku lub przysłówku, do którego się odnoszą:

I asked **the policeman** (who was) **standing** on the corner.	Zapytałam policjanta stojącego (*lub*: który stał) na rogu ulicy.
The **statue** (that was) **found** at this spot is now in the museum.	Figura znaleziona (*lub*: która została znaleziona) w tym miejscu, jest teraz w muzeum.

8.6.5 *being*

Zdanie zaczynające się od **being** tłumaczymy na język polski „ponieważ ...":

Being a perfectionist, he won't send that letter out.	*Ponieważ jest perfekcjonistą, nie wyśle tego listu.*

8.7 *Reported Speech* – Mowa zależna

Zdanie w mowie zależnej składa się ze zdania nadrzędnego (**he said, they told** itd.) i podrzędnego, które wcześniej było wypowiedziane „w oryginale" (wypowiedź dosłowna). Jeśli zdanie nadrzędne, wprowadzające, jest w czasie przeszłym, wówczas zmieniamy czasy w sposób następujący:

wypowiedź dosłowna		mowa zależna
"**I'm** tired," said Mary.	→	Mary said (that) she **was** tired.
Present Simple	→	**Past Simple**
"He**'s doing** his homework," said Mrs Brown.		Mrs Brown said (that) he **was doing** his homework.
Present Continuous	→	**Past Continuous**
"I **met** him on the bus," said Jeffrey.		Jeffrey said (that) he **had met** him on the bus.
Past Simple	→	**Past Perfect (had + Past Participle)**
"They **were swimming** when it happened," said Mr Parr.		Mr Parr said (that) they **had been swimming** when it (had) happened.
Past Continuous	→	**Past Perfect Continuous**
"Mike**'s just gone** shopping," said Frank.		Frank said that Mike **had** just **gone** shopping.

Present Perfect	→	**Past Perfect**
"We've **been running** in the gym," the boys told him.		The boys told him (that) they **had been running** in the gym.
Present Perfect Continuous	→	**Past Perfect Continuous**
"We **had** never **eaten** horse meat before," they admitted.		They admitted (that) they **had** never **eaten** horse meat before.
Past Perfect	pozostaje	**Past Perfect**
"I **had been hoping** you would be here," she said.		She said (that) she **had been hoping** he would be there.
Past Perfect Continuous	pozostaje	**Past Perfect Continuous**
"We'll **be** in touch," said the Millers.		The Millers said (that) they **would be** in touch.
will (Future Simple)	→	**would**
"I'll **be visiting** China," said Dr Chen.		Dr Chen said (that) he **would be visiting** China.
will be + -ing (Future Continuous)	→	**would be + -ing**
"They'll **have gone** fishing," said Clare.		Clare said (that) they **would have gone** fishing.
(Future Perfect) **will / shall have + Past Participle**	→	**would have + Past Participle**
"Gran **will have been drinking** with her friends," said mum.		Mum said (that) Gran **would have been drinking** with her friends.
will have been + -ing (Future Perfect Continuous)	→	**would have been + -ing**

● Wypowiedzi w mowie zależnej przytaczamy, stosując czasowniki: **say, tell, admit** lub **think**, możemy (ale nie musimy) użyć **that**. Po czasownikach i przed **that** nie stawiamy przecinka.

● Po **tell** musi wystąpić dopełnienie (np. **tell me, tell him**).

● Po czasownikach **answer, reply, explain, remark, add** i **state** prawie zawsze występuje **that** (również bez przecinka).

W wypadku czasowników modalnych w mowie zależnej następuje wymiana czasów:

dosłowna wypowiedź →	mowa zależna
can may (wyrażające możliwość) will / shall shall (w pytaniach)	could might would should

> **i** Następujące czasowniki pozostają w mowie zależnej bez zmian: **could, had better, might, needn't, ought to, should, used to, would.**

Must zamienia się w **had to**, chyba że mówimy o sytuacji w przyszłości – wówczas nie zmienia się lub zmienia się w **would have to**:

"I **must** show you what I bought," said Philip.	→	Philip said (that) he **had to** show me what he had bought.
"We **must** have a chat," said Sue.	→	Sue said (that) we **must / would have to** have a chat.

Needn't pozostaje bez zmian, lub zmienia się w **didn't need** albo **didn't have to**:

"You **needn't** come," said Peter.	→	Peter said (that) I **needn't / didn't need to / didn't have to** come.

Used to pozostaje bez zmian lub zmienia się w **had previously been**:

"Dan **used to be** a karate expert," Simon told me.	→	Simon told me (that) Dan **used to be / had previously been** a karate expert.

8.7.1 Wyjątki od reguły

W wypowiedziach ogólnych nie jest konieczna zmiana czasu w mowie zależnej:

"It **gets** very cold in winter," said Martha.	→	Martha said (that) it **gets** very cold in winter.

Jeśli to, co jest zawarte w wypowiedzi dosłownej, dzieje się w teraźniejszości, wówczas czas teraźniejszy może być zachowany, żeby uniknąć nieporozumień:

"I **live** in Cambridge," he said.
"Pardon?"
"I said I **live** in Cambridge."

8.7.2 Pytania w mowie zależnej
Jeśli w pytaniu pojawiają się pytajniki takie, jak **why, what, how** itp., to kolejność wyrazów w zdaniu w mowie zależnej jest taka, jak w zdaniu oznajmującym. Pamiętajmy też o zmianie czasu:

"How will you pay for it?" she asked us.	→	She asked us **how we would pay** for it.

Jeśli wyżej wymienione pytajniki nie występują, to używamy **if** lub **whether** (*czy*):

"**Does** he **drink** wine?" Mother asked me.	→	Mother asked me **if / whether** he drinks (*lub*: drank) wine.

8.7.3 Nakazy i polecenia
Oto jak brzmią **polecenia** w mowie zależnej:

Podmiot +	Orzeczenie +	Dopełnienie +	Bezokolicznik z to
		"Come in."	
Samantha	asked	us	to come in.
		"Go to bed."	
The doctor	told	me	to go to bed.
		"Leave me alone."	
Roger	begged	them	to leave him alone.

8.7.4 Zmiany w określeniach czasu i miejsca
Jeśli przytaczamy czyjąś wypowiedź z pewnej perspektywy czasu i miejsca, wówczas musimy zmienić określenia czasu i miejsca. Oto najczęściej występujące zmiany:

today	→	**that (same) day**
tonight		**that night**
this morning		**that morning**
yesterday		**the previous day, the day before**

now	then, at that point, straightaway
next week	the following week
last night	the previous night, the night before
a month ago	the month before
here	there, in that place
in this house	in that house
this, that, these, those	(na ogół) **the**

8.8 *Conditionals* – zdania z *if*

Istnieją trzy podstawowe typy zdań warunkowych z **if:**

Conditional I	
If you **give** it to him *Jeśli mu to dasz,*	he **will break** it. *on to zepsuje.*
Present Simple	**Future Simple**
Conditional II	
If you **gave** it to him *Gdybyś mu to dał,*	he **would break** it. *on by to zepsuł.*
Past Simple	**would + bezokolicznik bez to**
Conditional III	
If you **had given** it to him *Gdybyś mu to dał,*	he **would have broken** it. *on by to zepsuł. (w przeszłości)*
Past Perfect (had + Past Participle)	**would have + Past Participle**

Możemy zmienić kolejność – **if** może być w drugiej części zdania:

He will break it if you give it to him.

8.8.1 *would* w zdaniach z *if*

Zdania rozpoczynające się od **if** na ogół nie zawierają **will** ani **would**, wyrazy te występują w drugiej części zdania:

It would help if you **left** these
papers on my desk.

*Pomógłoby mi to, gdybyś zostawił
te papiery na moim biurku.*

Wyjątek stanowi zwrot **if only**, wyrażający życzenie („gdyby tylko..."). Jednak nie dotyczy to czasowników „statycznych", podanych na stronie 51:

If only you **would** listen to me.

Gdybyś tylko mnie słuchał.

Również w uprzejmych prośbach stosujemy **would** z **if** (nie dotyczy to czasowników „statycznych").

We would appreciate it **if** you
would enclose your cheque.

*Bylibyśmy wdzięczni, gdyby dołą-
czył Pan czek.*

8.8.2 Informacje ogólne

W krótkich zdaniach z **if** na ogół nie stawiamy przecinka, natomiast w zdaniach dłuższych stawiamy go przed zdaniem głównym:

If you're ready we can go.
If he's waiting for me to bath the
children and put them to bed, he's
in for a surprise.

Jeżeli jesteś gotów, możemy iść.
*Jeżeli on czeka, żebym wykąpała
dzieci i położyła je do łóżka, to
spotka go niespodzianka.*

Jeśli zdanie z **if** następuje po zdaniu głównym, to nie stawiamy przecinka między zdaniem głównym a zdaniem z **if**. Wyjątek stanowi sytuacja, gdy następuje dłuższa przerwa między tymi zdaniami w danej wypowiedzi.

I'll show you the house if you come
with me.
We'd like to have dinner at eight, if
that's all right with you.

*Pokażę ci dom, jeśli ze mną pój-
dziesz.*
*Chcielibyśmy zjeść kolację
o ósmej, jeśli to Panu odpowiada.*

8.8.3 Możliwości zmian w zdaniach z *if*

W każdym z trzech podstawowych typów zdań warunkowych z **if** możliwe są pewne zmiany.

Możliwe zmiany w zdaniach typu **Conditional I**:

● Oprócz czasu **Future Simple** może w nich występować każdy inny czas przyszły.

● W zdaniu z **if** zamiast **Present Simple** może wystąpić **Present Continuous** lub **Present Perfect**.

● W zdaniu głównym zamiast **Future Simple** może pojawić się czasownik modalny, który może łączyć się z czasem **Present Continuous** lub **Present Perfect.**

Możliwe zmiany w zdaniach typu **Conditional II:**

● Po podmiocie zamiast **was** może występować **were** (jest to bardziej oficjalna forma).

● W zdaniu głównym zamiast **would** mogą występować **czasowniki modalne**, które również mogą łączyć się z czasem **Present Continuous** lub **Present Perfect.** (He **could** be studying...; They **might** have forgotten...).

● Po podmiocie może występować konstrukcja **was / were to + forma podstawowa czasownika** (np. If I **were to decide**...).

Możliwe zmiany w zdaniach typu **Conditional III:**

● W zdaniu głównym zamiast **would have** mogą występować **czasowniki modalne** (**may have, could have, ought to have, should have**).

● Te czasowniki mogą łączyć się z czasem **Present Perfect Continuous** (They **may** have been eating).

8.8.4 unless
Unless oznacza „chyba że" i jest stosowane, jeśli np. stawiamy ultimatum:

I won't tell you **unless** you promise to keep it a secret. (= I won't tell you **if** you don't promise to keep it a secret.)	*Nie powiem ci, chyba że przyrzekniesz, że dotrzymasz tajemnicy.*
Unless she is stricter with them, they'll never behave. (= **if** she isn't stricter with them, they'll never behave).	*Nie będą nigdy grzeczni, chyba że będzie wobec nich surowsza.*

W zdaniach takich jak poniższe if ... **not** nie można zastąpić słowem **unless,** ponieważ tu nie występuje ono w znaczeniu „chyba że":

You would be able to hear me **if** the TV **wasn't** on so loud.	*Słyszałbyś mnie, gdyby telewizor nie grał tak głośno.*

8.9 Czasowniki modalne

Oto cechy charakterystyczne czasowników modalnych:

● W 3. osobie liczby pojedynczej nie mają końcówki **-s** w czasie Present Simple (he **can**, he **must**, she **should**).

● W pytaniach i przeczeniach nie wymagają dodania **do** / **does**. W przeczeniach często używamy krótkich form:

can't zamiast **cannot, couldn't** zamiast **could not, shouldn't** zamiast **should not** i **mustn't** zamiast **must not**.

● Łączymy je z innymi czasownikami, które nie są czasownikami modalnymi:

He can write well.

● Występują nie we wszystkich czasach, niekiedy trzeba użyć innych sformułowań o podobnym znaczeniu, np. **be able to, be allowed to, have to** itd.

Could, must, may i **might** łączymy z **have + Past Participle**, żeby wyrazić przeszłość:

She **should have gone** to the doctor.	*Powinna była pójść do lekarza (kiedyś, wcześniej).*

Czasowniki modalne występują same tylko w **question tags** i krótkich odpowiedziach:

"You can cook, **can't** you?"	*Umiesz gotować, prawda?*
"No, I **can't**."	*Nie, nie umiem.*

8.9.1 Móc, umieć, być w stanie coś zrobić – *can* i *may*
Słowa „móc, umieć" w znaczeniu „być w stanie coś zrobić" wyrażamy następująco:

● w czasie teraźniejszym za pomocą **can**, w czasie przeszłym – **could**

● w innych czasach za pomocą odpowiedniej formy **be able to**

He **could** swim when he was two.	*Umiał pływać, gdy miał dwa lata.*
Would you **be able to** help me?	*Czy byłbyś w stanie mi pomóc?*

Jeśli pytamy o pozwolenie, również możemy użyć **can**:

Can we have some chocolate?   *Czy możemy zjeść trochę czekolady?*

- Jeśli chcemy powiedzieć, że coś jest możliwe, w znaczeniu „prawdopodobne", wówczas używamy **may** lub **might**. Jeśli mówimy o prawdopodobieństwie wystąpienia czegoś w przeszłości, używamy **may have** lub **might have**.

- **May** lub **might** tłumaczymy na polski jako „być może":

We **might** come on Sunday.   *Być może przyjedziemy w niedzielę.*
They **may** be on holiday.   *Być może oni są na wakacjach.*

8.9.2 Sposoby wyrażania pozwolenia i zakazu – *can*, *may*, *be allowed to*

- Pozwolenie może być wyrażone za pomocą **can** lub **may** (w szczególnie uprzejmych prośbach stosujemy **may**).

- Zakazy wypowiadamy za pomocą formy **can't**.

- W ogólnych zakazach i pozwoleniach stosujemy zwrot **(not) be allowed to** w odpowiednim czasie. Zwrot ten jest również używany wtedy, gdy nie można użyć **can** lub **may**.

Can / May I come too?   *Czy ja też mogę iść?*
No, you **can't** borrow my car.   *Nie, nie możesz pożyczyć mojego samochodu.*

I'm not allowed to eat nuts.   *Nie wolno mi jeść orzechów.*

- Jeśli dajemy komuś radę, mówimy, że nie powinien lub nawet nie wolno mu czegoś robić, używamy **shouldn't** lub **mustn't**.

- Jeśli nasza rada dotyczy sytuacji, która wydarzyła się w przeszłości, wówczas stosujemy **shouldn't have.**

---

i   **Uwaga: mustn't oznacza „nie wolno" (a nie „nie musisz")!**

You **mustn't** be late.   *Nie wolno ci się spóźnić.*
We **shouldn't have** told him.   *Nie powinieneś był mu mówić (kiedyś, w przeszłości).*

Czasownik 8

8.9.3 musieć – must, have to

Jeśli mówimy o prawdopodobieństwie wydarzenia się czegoś, wówczas w czasie teraźniejszym używamy słowa **must**, a jeśli mówimy o przeszłości – **must have** + trzecia forma czasownika (**must have been, must have done**).

It **must** be here somewhere – I had it in my hand just now.
They **must have** forgotten it.

To musi gdzieś tu być, dopiero co miałem to w ręce.
Musieli o tym zapomnieć.

● Mówiąc o konieczności, o zobowiązaniach jakiejś osoby, w czasie teraźniejszym używamy **must**, zwłaszcza, gdy osoba mówiąca jest przekonana, że musi coś zrobić.

● Mówiąc o zobowiązaniach ogólnie, używamy **have (got) to**.

● We wszystkich innych czasach – oprócz teraźniejszego – nie używamy **must**, lecz **have to** w odpowiedniej formie.

I **must** do some weeding in the garden.
You **don't have to** ring me up every day.
He **had to** hand in his driving licence.

Muszę powyrywać chwasty w ogrodzie.
Nie musisz do mnie dzwonić codziennie.
Musiał oddać swoje prawo jazdy.

Najczęściej używaną formą oznaczającą „nie musieć" jest **not have to**.

Można również użyć **needn't**.

They **don't have to** / **needn't** bring any food.
I **don't have to** go to work today.

Nie muszą przynosić jedzenia.
Nie muszę iść dzisiaj do pracy.

Formy czasu przeszłego od **not have to** i **needn't** brzmią **didn't have to** lub **didn't need to**. Jeśli używamy **didn't need to**, oznacza to, że ktoś nie musiał czegoś robić, ale nie wiemy, czy to zrobił, czy nie.

She **didn't have to** play with the children.
I **didn't need to** show my passport.

Nie musiała bawić się z dziećmi.
Nie musiałem pokazywać paszportu.

Needn't have + Past Participle oznacza, że ktoś nie musiał czegoś robić, ale mimo to zrobił.

He **needn't have prepared** dinner.

Nie musiał przygotowywać obiadu (ale przygotował).

65

Jeśli chcemy powiedzieć, że ktoś powinien coś zrobić, używamy **should** lub – jeśli mówimy o przeszłości – **should have**:

He **should** know – he wrote the book!	*Powinien to wiedzieć – napisał tę książkę!*
They **should have** been more careful.	*Powinni byli bardziej uważać.*

8.9.4 Wyrażanie powinności – *should, ought to*
Jeśli coś proponujemy, doradzamy, apelujemy – wówczas używamy **ought to** w czasie teraźniejszym, lub jeśli mówimy o przeszłości – **should have / ought to have + Past Participle** (**been, done, opened, said** itd.).

We **should / ought to** write a thank-you letter.	*Powinniśmy napisać list z podziękowaniem.*
I **should have** said something.	*Powinnam była coś powiedzieć.*

Jeśli mówimy, że ktoś powinien coś zrobić, że „ma" coś zrobić (np. dlatego, że tak zostało wcześniej ustalone), wówczas używamy **be supposed to** lub **be to**:

You**'re supposed to** / You**'re to** be home by six.	*Masz być w domu najpóźniej o szóstej.*

8.10 Forma *-ing* jako Gerund a bezokolicznik

8.10.1 Tworzenie formy Gerund
Gerund ma identyczną formę jak forma **-ing** używana w czasie **Present Continuous**: **running, sleeping, shopping**.

Występuje w stronie biernej i czynnej:

Strona czynna, czas teraźniejszy:	**finding** *znajdowanie*
Strona bierna, czas teraźniejszy:	**being found** (**being + Past Participle**) *„bycie znajdowanym"*
Strona czynna, czas przeszły dokonany:	**having found** (**having + Past Participle**) *„znalezienie"*
Strona bierna, czas przeszły dokonany:	**having been found** (**having been + Past Participle**) *„bycie znalezionym"*

8.10.2 Użycie formy -*ing* jako Gerund
Forma **Gerund** nie jest czasownikiem, ale rzeczownikiem utworzonym od pewnej formy czasownika:

Swimming will get you fit.
I can't stand her **boasting.**

Pływanie poprawi twoją kondycję.
Nie mogę znieść jej przechwalania się.

8.10.3 Forma -*ing* jako Gerund, występująca po czasownikach
Oto najważniejsze czasowniki, po których występuje forma **Gerund**, a nie bezokolicznik:

enjoy doing sth	*lubić coś robić; dobrze się bawić*
feel like doing sth	*mieć ochotę coś zrobić*
fancy doing sth	*mieć ochotę coś zrobić*
dislike doing sth	*nie lubić czegoś robić*
mind doing sth	*mieć coś przeciwko zrobieniu czegoś*
miss doing sth	*tęsknić za robieniem czegoś*
suggest doing sth	*zaproponować zrobienie czegoś*
practise doing sth	*ćwiczyć robienie czegoś*
risk doing sth	*ryzykować zrobienie czegoś*
admit doing sth	*przyznać się do zrobienia czegoś*
deny doing sth	*zaprzeczyć zrobieniu czegoś*
consider doing sth	*rozważyć zrobienie czegoś*
think of doing sth	*myśleć o zrobieniu czegoś*
carry on doing sth	*kontynuować robienie czegoś*
keep (on) doing sth	*kontynuować robienie czegoś*
finish doing sth	*skończyć robienie czegoś*
delay doing sth	*opóźnić zrobienie czegoś*
postpone doing sth	*odłożyć na później zrobienie czegoś*
avoid doing sth	*uniknąć zrobienia czegoś*
prevent sb from doing sth	*powstrzymać kogoś od zrobienia czegoś*
imagine doing sth	*wyobrażać sobie robienie czegoś*
appreciate sb doing sth	*doceniać, że ktoś coś robi*
it involves doing sth	*to wymaga zrobienia czegoś*
it means doing sth	*to oznacza zrobienie czegoś*
excuse sb doing sth	*wybaczyć komuś (usprawiedliwić kogoś za) zrobienie czegoś*
I can't help doing sth	*nie mogę nic poradzić na to, że (coś robię)*
sth needs doing	*coś wymaga zrobienia*

8.10.4 Forma *-ing* jako Gerund, występująca po spójnikach

Po następujących spójnikach występuje forma **-ing**:

before	*przed*	**instead of**	*zamiast*
after	*po*	**in spite of / de-**	*mimo*
by	*przez*	**spite**	
besides	*oprócz*	**while**	*kiedy, podczas*
		without	*bez*

He had a shower **before jumping** into the pool.

Wziął prysznic, zanim wskoczył do basenu (dosł. przed wskoczeniem do basenu).

Despite walking for a long time, they weren't tired.

Mimo, że spacerowali przez długi czas, nie byli zmęczeni (dosł. mimo spacerowania przez długi czas).

8.10.5 Forma *-ing* jako Gerund, występująca po przyimkach

Po przyimkach występuje forma **-ing**:

There's no chance **of finding** him.
He has difficulty **in understanding** you.

Nie ma możliwości znalezienia go.
On ma trudności ze zrozumieniem ciebie.

Taka konstrukcja występuje m.in. w następujących wyrażeniach:

przymiotnik + przyimek	
be good / bad at doing sth	*być dobrym/ słabym w czymś*
be (in)capable of doing sth	*być w stanie coś zrobić (nie być w stanie czegoś zrobić)*
be interested in doing sth	*być zainteresowanym czymś, interesować się czymś*
be tired of doing sth	*być zmęczonym robieniem czegoś*

czasownik + przyimek	
believe in doing sth	*wierzyć w coś*
think of doing sth	*myśleć o zrobieniu czegoś*
dream of doing sth	*marzyć o zrobieniu czegoś*
succeed in doing sth	*odnieść sukces w robieniu czegoś*
insist on doing sth	*nalegać na zrobienie czegoś*
talk about doing sth	*mówić o zrobieniu czegoś*
worry about doing sth	*martwić się tym, że trzeba coś zrobić*

rzeczownik + przyimek

in the hope of doing sth	w nadziei na zrobienie czegoś
be in danger of doing sth	być w niebezpieczeństwie
have difficulty in doing sth	mieć trudności z czymś
run the risk of doing sth	podejmować ryzyko czegoś
live in fear of doing sth	żyć w obawie przed czymś

8.10.6 Forma Gerund po przyimku *to*

Po niektórych wyrażeniach z **to** występuje forma **-ing**. Należą do nich:

be used to doing sth, be accustomed to doing sth	być przyzwyczajonym do robienia czegoś
get used to doing sth, get accustomed to doing sth	przyzwyczaić się do robienia czegoś
look forward to doing sth	cieszyć się na coś
object to doing sth	sprzeciwiać się robieniu czegoś

8.10.7 *used to*

Wyrażenie **used to** może mieć różne znaczenia:

used to + bezokolicznik = (mieć zwyczaj) coś robić w przeszłości

  I **used to work** every day. *(Kiedyś) pracowałam codziennie.*

● Wyrażenie **used to** + **bezokolicznik** dotyczy tylko przeszłości.

● Dotyczy wydarzeń, które się powtarzały, były nawykami lub długo trwającymi stanami.

● Forma przecząca brzmi:

  I **didn't use to work.** *(Kiedyś) nie pracowałam.*
  lub
  I **never used to** work.

be used to + forma -ing = **być przyzwyczajonym do czegoś**

get used to + forma -ing = **przyzwyczaić się do czegoś**

  We **were used to eating** fish. *Byliśmy przyzwyczajeni do jedzenia ryb.*
  I'll **get used to living** on my own. *Przyzwyczaję się do mieszkania samemu.*

● Wyrażenia **be used to** i **get used to** mogą występować w każdym czasie.

8.10.8 Czasowniki, które łączą się z formą *-ing* **(***Gerund***)**
i bezokolicznikiem
Są czasowniki, które łączą się zarówno z formą **-ing**, jak i z bezokolicznikiem, przy czym mają wówczas różne znaczenia. Do najważniejszych z nich należą:

Forma -ing	Bezokolicznik
go on doing sth *kontynuować coś*	**go on to do sth** *przejść do robienia czegoś nowego (po skończeniu poprzedniej czynności)*
remember doing sth *pamiętać, że coś się (z)robiło (w przeszłości)*	**remember to do sth** *pamiętać, żeby coś zrobić*
never forget doing sth *nie zapomnieć, że coś się (z)robiło (w przeszłości)*	**forget to do sth** *zapomnieć, że ma się coś zrobić*
stop doing sth *przestać coś robić*	**stop to do sth** *zatrzymać się, żeby coś zrobić*
try doing sth *spróbować coś zrobić (wypróbować różne możliwości w poszukiwaniu rozwiązania problemu)*	**try to do sth** *próbować coś zrobić*

8.10.9 Forma -*ing* jako Gerund w zwrotach
Po niektórych zwrotach językowych występuje forma -**ing**. Należą do nich m.in.:

it's no use / good -ing,	
there's no point in -ing	*nie ma sensu (robić coś)*
it's (good) fun -ing	*(robienie czegoś) sprawia radość*
it's bad enough -ing	*nie dość, że trzeba (coś robić) ...*
I can't help -ing	*nic nie poradzę na to, że (coś robię)*
I can't stand -ing	*nie znoszę (robienia czegoś)*
I don't mind -ing	*nie mam nic przeciwko (robieniu czegoś)*
be busy -ing	*być zajętym (robieniem czegoś)*
it's worth -ing	*warto jest (robić coś)*
spend one's time -ing	*spędzać czas (robiąc coś)*
thanks / thank you for -ing	*dziękować za (zrobienie czegoś)*

9 Zaimki względne, nieokreślone i pytające

9.1 Zaimki względne

9.1.1 Tworzenie zaimków względnych
Zaimki względne są następujące:

dotyczące osób	dotyczące przedmiotów
who, that	that, which
who, whom, that	that, which
whose	whose

9.1.2 Użycie zaimków względnych
● Jeśli rzeczownik odpowiada na pytania: *kto? co?*, czyli jest w mianowniku, to mówiąc o osobach używamy zaimków **who** lub **that**, a o przedmiotach – **which** lub **that**.

● Mówiąc o zwierzętach stosujemy **which** lub **that**, a jeśli mamy do nich stosunek emocjonalny – **who**.

The man **who** / **that** rang up was my father.
Mężczyzna, który do nas zadzwonił, to mój ojciec.
The computer **that** / **which** you ordered has arrived.
Ten komputer, który zamówiłeś, już przysłano.

● Jeśli rzeczownik odpowiada na pytania: *kogo? co?*, wówczas mówiąc o osobach używamy zaimków **who** / **that** (lub **whom**), o rzeczach **which** / **that**.

● W wypadku zwierząt stosujemy zaimki **which** / **that**, a jeśli mamy do nich stosunek emocjonalny – **who**.

The teacher **that** / **who** / **whom** you like is my wife.
Ta nauczycielka, którą lubisz, to moja żona.
The perfume **that** / **which** you're wearing is very strong.
Perfumy, których używasz, są bardzo mocne.

● Jeśli rzeczownik odpowiada na pytania: *kogo? czego? czyj?*, to we wszystkich sytuacjach – mówiąc o osobach, rzeczach i zwierzętach – używamy zaimka **whose.**

The house **whose** roof is being repaired belongs to my sister.
Dom, którego dach naprawiają, należy do mojej siostry.

● Jeśli rzeczownik odpowiada na pytania: *komu? czemu?*, to wyrażamy to, dodając przyimki **to, for, with** itp.

The boy **who** I gave the book **to** was very happy.

Chłopiec, któremu dałam książkę, był bardzo szczęśliwy.

● Jeśli przed zaimkiem względnym występuje przyimek, wówczas nie używamy **that**, lecz dla osób – **whom** (**for whom, with whom, by whom** itd.), a dla rzeczy – **which** (**under which, on which, through which** itd.)

9.1.3 *Relative Clauses* (zdania względne)
Relative Clauses, zawierające dodatkowe informacje, oddzielamy przecinkami. To zdania, które moglibyśmy usunąć, a zdanie główne nadal miałoby sens. Są to tzw. **non-defining Relative Clauses:**

His brother, **who** is a millionaire, works for Microsoft.

Jego brat, który jest milionerem, pracuje w firmie Microsoft.

Bez dodatkowej informacji – czyli zdania wtrąconego, między przecinkami – zdanie to brzmiałoby:

His brother works for Microsoft.

Jego brat pracuje w firmie Microsoft.

Zdanie główne pozostaje więc bez zmian.

Relative Clauses zawierające istotne informacje, bez których zdanie główne nie ma sensu, to tzw. **defining Relative Clauses**; w tych zdaniach nie stawiamy przecinków.

Jeśli po polsku mówimy: „ten, który...", to precyzujemy, definiujemy dokładnie daną osobę lub rzecz:

People **who live here** are very nice.

Ludzie, którzy tu mieszkają, są bardzo mili.

Gdybyśmy usunęli zdanie względne (**defining Relative Clause**, czyli: **who live here),** pozostałoby zdanie:

People are very nice.

Ludzie są bardzo mili.

Nastąpiłaby zmiana sensu zdania.

W **defining Relative Clauses** możemy opuścić **who, which** i **that**, jeśli rzeczownik, do którego się odnoszą, nie jest w mianowniku:

The shop **(that / which) I'm talk-** **ing about** is in a side road.	*Sklep, o którym mówię, znajduje się* *na bocznej ulicy.*
The girl **(that / who) you just saw** is an actress.	*Dziewczyna, którą przed chwilą wi-* *działeś, jest aktorką.*

9.1.4 Zdania względne z *which*
Czasami **which** dotyczy całego zdania; w języku polskim stosuje się w tym miejscu
zaimek **co**:

He brought me flowers, **which** was very nice.	*Przyniósł mi kwiaty, co było bardzo* *miłe.*

W miejscu, gdzie w języku polskim mówimy: „to, co...", w języku angielskim
występuje **what**:

Is this **what** you mean?	*Czy to jest to, o co ci chodzi?*
It's **what** you asked for.	*To jest to, o co prosiłeś.*

Zaimka **that** używa się w zdaniach następującego typu (często jest opusz-
czany):

There's something (that) you ought to know.	*Jest coś, co powinieneś wiedzieć.*
Is this all (that) you bought?	*Czy to jest wszystko, co kupiłeś?*
There's nothing (that) he can eat at the moment.	*Nie ma nic, co mógłby w tej chwili* *zjeść.*

9.2 Zaimki nieokreślone (*some, any, much, many*)

9.2.1 *some / any*
Some używamy:

● w zdaniach oznajmujących

● w pytaniach, na które spodziewamy się pozytywnej odpowiedzi

● w uprzejmych pytaniach

● w znaczeniu: „jakiś, jakaś", „kilka, kilkoro", „trochę"

He's got **some** relatives staying.	*Jest u niego kilkoro krewnych z wizytą.*
Have you got **some** time?	*Czy masz trochę czasu?*
Take **some** strawberries with you.	*Weź ze sobą kilka truskawek.*
There must be **some** reason for it.	*Musi być jakiś powód.*

Any używamy:

- w zdaniach przeczących, również w połączeniu z **never, hardly, rarely, without** itp.

- w pytaniach, na które nie znamy odpowiedzi, lub spodziewamy się, że będzie negatywna

- w znaczeniu: „jakikolwiek, jakakolwiek"

He hasn't got **any** money.	*On nie ma (żadnych) pieniędzy.*
I've **never** tried **any** Japanese food.	*Nigdy nie próbowałem japońskiego jedzenia.*
Has she got **any** friends?	*Czy ona ma jakichś (dosł. jakichkolwiek) przyjaciół?*

Złożenia zawierające **some** i **any** (**somebody / anybody, someone / anyone; something / anything; somewhere / anywhere**) stosują się do tych samych reguł, co **some** i **any**:

I need **something** to wear to the wedding – **anything**.	*Potrzebuję czegoś, co bym mogła założyć na ślub – czegokolwiek.*

9.2.2 *a lot of / lots of, much, many*
- **A lot of** lub **lots of** (*wiele, dużo*) stosujemy w zdaniach oznajmujących, przeczących oraz w pytaniach, ale nigdy po wyrazach: **very, so, that, too, as** i **how**.

- Likwidujemy **of**, jeżeli po nim nie występuje rzeczownik.

There are **lots of books** for you to read.	*Masz do przeczytania dużo książek.*
I eat **a lot of ice cream**.	*Jem dużo lodów.*
He walks **a lot**.	*On dużo spaceruje.*

Much (*dużo*) używamy:

- w zdaniach oznajmujących

- w pytaniach

- w zdaniach przeczących

- po **very, so, that, too, as** i **how**

● z rzeczownikami niepoliczalnymi (np. **much water**)

There isn't **much** to do.	*Nie ma dużo do zrobienia.*
Do you travel **much?**	*Czy dużo podróżujesz?*
He eats **too much**.	*On za dużo je.*

Many (*wiele*) używamy tylko z rzeczownikami policzalnymi:

● w zdaniach oznajmujących

● w zdaniach przeczących

● w pytaniach

● po **so, that, too, as** i **how.**

She hasn't got **many** clothes.	*Ona nie ma dużo ubrań.*
Are there **many** shops in your area?	*Czy w twojej okolicy jest wiele sklepów?*
I've been to **so many** concerts this week.	*W ubiegłym tygodniu byłem na tak wielu koncertach.*

W mowie potocznej, w codziennym użyciu języka angielskiego, w zdaniach oznajmujących **many** jest najczęściej zastępowane przez **a lot of** / **lots of**.

9.2.3 *a few* / *a little* / *a bit of; few* / *little*

● **a few** (*kilka*) używamy z rzeczownikami policzalnymi (**a few people, a few cars**)

● **a bit of** / **a little** (*trochę*) używamy z rzeczownikami niepoliczalnymi, przy czym **a bit of** jest bardziej potoczne

● samo **a bit** lub z następującym po nim przymiotnikiem oznacza *trochę* (**a bit tired** = *trochę zmęczony*)

They've got **a few** trees in their garden.	*Mają kilka drzew w ogrodzie.*
Just **a little** sauce, thanks.	*Poproszę tylko trochę sosu, dzięki.*
Would you like **a bit?**	*Chcesz trochę?*
I'm **a bit tired.**	*Jestem trochę zmęczony.*

● **few** (*mało, niewielu, niewiele*) używamy z rzeczownikami policzalnymi (**few people** = *mało ludzi*)

● **little** (*mało*) używamy z rzeczownikami niepoliczalnymi

Few athletes have managed that.
There's **little chance** of getting
tickets.

Niewielu sportowcom to się udało.
Są małe szanse na zdobycie bile-
tów.

9.3 Zaimki pytające

9.3.1 Formy występowania zaimków pytających

how ...?	*jak ...?*	**who ...?**	*kto ...?*
what ...?	*co ...?*	**who(m) ...?**	*kogo ...? komu ...?*
when ...?	*kiedy ...?*	**whose ...?**	*czyje ...?*
where ...?	*gdzie ...?*	**why ...?**	*dlaczego ...?*
which ...?	*który ...?*		

9.3.2 *who / whom*
Who może oznaczać: „kto?", ale również: „kogo?" i „komu?". Nieco rzadziej
używana forma **whom** jest stosowana:

● w wyrażeniach formalnych, oficjalnych

● jeśli wcześniej występuje przyimek (**to, with, for** itp.): **to whom, with
whom, for whom** itp.

Who did you see?
Who does he send them **to**?
Whom shall I address?

Kogo widziałeś?
Do kogo (komu) on je wysyła?
Do kogo mam się zwrócić?

9.3.3 *what / which* + rzeczownik
● **What** + **rzeczownik** występuje na początku pytania ogólnego.

● **Which** + **rzeczownik** oznacza, że pytamy o coś w zakresie określonej
grupy, w pewnej sytuacji.

What bus do you take?
Which bus was he in?

Jakim autobusem jedziesz?
W którym autobusie on był?

10 Liczebniki i liczby

10.1 Liczebniki główne

1	one	30	thirty
2	two	40	forty
3	three	50	fifty
4	four	60	sixty
5	five	70	seventy
6	six	80	eighty
7	seven	90	ninety
8	eight	100	a / one hundred
9	nine	101	a / one hundred and one
10	ten	143	a / one hundred and forty-three
11	eleven	200	two hundred
12	twelve	1 000	a / one thousand
13	thirteen	1 310	one thousand three hundred and
14	fourteen		ten
15	fifteen	2 000	two thousand
16	sixteen	100 000	a / one hundred thousand
17	seventeen	1 000 000	a / one million
18	eighteen	1 000 000 000	a / one billion
19	nineteen		
20	twenty		
21	twenty-one		
22	twenty-two		
23	twenty-three		
24	twenty-four itd.		

W języku polskim „zero" ma tylko jedno określenie, natomiast w angielskim kilka:

0   przy liczeniu **nought** [nɔ:t], **zero** ['ziərə, Am. 'zi:rəu]

0   w sporcie: **nil,** Am. **zero;** w tenisie: **love**

0   w numerach telefonów: **0** [əu], Am. **zero**

10.2 Przecinki i kropki w zapisie liczb

W liczbach od 1000 (tysiąca) w górę, w miejscu, gdzie my stawiamy kropkę – w języku angielskim stawiany jest przecinek:

5,643; 10,253,459

W ułamkach dziesiętnych jest odwrotnie – stawiamy kropkę tam, gdzie w języku polskim jest przecinek:

8.4   (eight point four = *osiem i cztery dziesiąte*)

0.71 (nought point seven one = *siedemdziesiąt jeden setnych*)

● Cyfra **1** pisana jest bez poprzecznej kreseczki u góry

● **7** nie ma poprzecznej kreski

● **4** i **14** mają inną pisownię niż **40** : **four, fourteen; forty.**

10.3 Liczebniki porządkowe

1st	first	21st	twenty-first
2nd	second	22nd	twenty-second
3rd	third	23rd	twenty-third
4th	fourth	24th	twenty-fourth *itd.*
5th	fifth	30th	thirtieth
6th	sixth	40th	fortieth
7th	seventh	50th	fiftieth
8th	eighth	60th	sixtieth
9th	ninth	70th	seventieth
10th	tenth	80th	eightieth
11th	eleventh	90th	ninetieth
12th	twelfth	100th	(one) hundredth
13th	thirteenth	101st	(one) hundred and first
14th	fourteenth	102nd	(one) hundred and second
15th	fifteenth	157th	(one) hundred and fifty-seventh
16th	sixteenth	200th	two hundredth
17th	seventeenth	1000th	(one) thousandth
18th	eighteenth	2461st	two thousand four hundred and
19th	nineteenth		sixty-first
20th	twentieth	1 000 000th	(one) millionth

1. Czasy teraźniejsze: *Present Simple* i *Present Continuous (Present Progressive)*

1. W 3. osobie liczby pojedynczej w czasie *Present Simple* czasowniki mogą mieć różne końcówki. Wpisz podane czasowniki w odpowiednie kolumny.

> rely ✔ carry rush fetch mix show buy lie relax marry
> say copy grow

Końcówka -es	-ies	-s
....	*relies.*...................	....
....	....	....
....	....	....

2. Oto pięć możliwości stosowania czasu teraźniejszego prostego *Present Simple* – zaznacz w okienku, zgodnie z którą regułą zostało utworzone każde zdanie.

> a. stwierdzenia ogólne
> b. stwierdzenia dotyczące życia poszczególnych osób
> c. stwierdzenia dotyczące przyrody
> d. przysłowia
> e. regularnie powtarzające się czynności

1 My lunch break is at twelve thirty. ☐

2 The restaurant opens at 9 am and closes at midnight. ☐

3 In the United States shops tend to be open 24 hours a day. ☐

4 Too many cooks spoil the broth. ☐

5 I grow flowers on my balcony. ☐

6 As a professional football player you earn a lot of money. ☐

7 My girlfriend buys expensive clothes. She thinks they last longer. ☐

8 When in Rome, do as the Romans do. ☐

9 In summer, days are longer than in winter. ☐

3. **A teraz to samo z czasem teraźniejszym ciągłym – *Present Continuous (Progressive)*. Zaznacz w okienku, która reguła dotyczy danego zdania.**

a. jeszcze nie zakończone czynności, mające określony czas trwania
b. właśnie trwające czynności
c. trwające, zachodzące zmiany
d. zaplanowane wydarzenia, mające nastąpić w przyszłości
e. prognozy dotyczące przyszłości lub nadawanie pytaniom bardziej uprzejmej formy

1 Your pancakes are getting better and better. ☐

2 I'm drinking a glass of water. ☐

3 We're leaving for France tomorrow. ☐

4 I'm usually preparing lunch when the kids come home from school. ☐

5 For the time being I am sharing a flat with my brother. ☐

6 His health is gradually deteriorating. ☐

7 ● What are you doing? ▲ I am cleaning the kitchen. ☐

8 I am sorry, but I can't answer the phone right now. I'm taking a shower. ☐

9 I'm afraid I am not supporting you in this matter. ☐

4. **Wpisz czasownik w odpowiedniej formie: w czasie *Present Simple* lub *Continuous*.**

to play As a professional tennis player, my brother .plays.. tennis regularly. I'm afraid you can't talk to him right now, because he .... ① a match right now. I'm sure it'll be over in an hour or so. He .... ② against our grandfather, you see. In summer they .... ③ twice a week.

to rain Look, it .... ④. What a shame! We can't go for a walk now. You don't mind the weather, do you? You're used to it. In Scotland, where you come from, it always .... ⑤ at this time of the year.

to stay   My husband is in London at the moment. He .... ⑥ at the

Savoy Hotel. He normally .... ⑦ there when he's in London.

work/not ● My computer .... ⑧. I've had it for five years now. Never

a problem. But yesterday it broke down. May I use your com-

puter?

▲ I'm afraid my computer .... ⑨ In fact, it hasn't worked

for years.

to write   I .... ⑩ a new novel. I never .... ⑪ short stories. I'm

not good at expressing myself in so few pages.

to bake   Whenever I visit her, grandmother .... ⑫ a cake. I never

.... ⑬ cakes. My neighbour .... ⑭ biscuits every

Saturday. She always .... ⑮ some for me.

5. **Present Simple** czy **Continuous**? Zwróć uwagę, na użycie jakiego
czasu wskazują słowa takie jak *always, usually, regularly*. Pamiętaj
o umieszczeniu przymiotnika we właściwym miejscu!

1 You are such a messy person. You .... your things around.
to leave / always

2 Our neighbour downstairs .... about us. He doesn't like the
to complain / always
music we're playing. And it's too loud, he says. Listen, he .... the
to play / now
saxophone. He .... the sax at about 5 o'clock. That man has
to play / usually
such a nerve!

3 He .... for weekends leaving his wife and kids alone. The poor
to go away / always
woman. Well, my husband .... for weekends, too. But I don't
to go away / regularly
mind. I enjoy having the weekends for myself.

4 We .... roast beef on Sundays. Why can't we have pork for
to have / always
a change. I am sick and tired of beef. My mother .... chicken
to serve / always
on Sundays. I think Sunday is a good day for chicken.

6. **„Z wizytą u ekscentrycznej rodziny – rozmowa o północy". Present Simple czy Continuous?**

● *the guest* ▲ *the host*

● Who ..*is making*.. that terrible noise?
   to make

▲ It .... ① our grandfather. He sometimes .... ② the violin
   to be   to practise
   at night. He .... ③ well, does he?
                to play/not

● But it .... ④ after midnight. Surely, he .... ⑤ too much
   to be   to make
   noise?

● Oh, that noise .... ⑥. We .... ⑦ all used to it. Look, the
                  to matter / not   to be
   moon .... ⑧ brightly. Grandad .... ⑨ moonstruck, you
        to shine   to be
   see. Sometimes he .... ⑩ swimming in the moonlight, or he
                      to go
   .... ⑪ holes in the garden.
   to dig

● Listen, it .... ⑫ noisier and noisier.
             to get

▲ That is just my father. He .... ⑬. Dad always .... ⑭. But
                             to snore   to snore
   I .... ⑮ you. There .... ⑯ more to come. My brother
     to warn   to be
   .... ⑰ in his sleep and my little sister .... ⑱ a real sleep-
   to talk   to be
   walker.

● I think your sister .... ⑲ around now. I can hear her steps.
                     to walk

▲ No, no, these .... ⑳ our family ghosts. I haven't told you about
                to be
   them yet. They .... ㉑ upstairs in the attic. We .... ㉒
                  to dance   to call
   them Fred and Ginger because they .... ㉓ dancing. They
                                     to love
   .... ㉔ extremely polite. Sometimes they even come down and
   to be
   talk to us.

● You .... ㉕, aren't you? You .... ㉖ the truth.
       to joke   to tell / not

▲ I always .... ㉗ the truth. Listen, someone .... ㉘ at the
             to tell   to knock
   door. I .... ㉙ who that can be.
           to wonder

2. Czasy przeszłe: prosty *(Past Simple)* i ciągły *(Past Continuous)*

1. Wpisz czasowniki w odpowiednie kolumny.

> walk ✔ play reply travel suffer plug ✔ pull prefer listen
> marry watch try label hurry benefit

Końcówka -ed	(podwojona spółgłoska) -ed	-y > -ied
walked	_plugged_	....
....	....	....
....	....	....
....	....	....

2. Savoir vivre! – Uzupełnij zdania odpowiednimi czasownikami w czasie *Past Simple*.

> disappear encounter live marry ✔ move pour prefer scrub
> suffer unplug use

1 I _married_ my wife in 1955. She .... in France when she was

   a teenager. That's where she .... the French style of savoir vivre.

2 At the beginning of our marriage I always .... dusting the
   furniture to doing the washing up.

3 I .... from a dreadful backache. But when we .... into

   our new house and bought a new hoover the pain ....

4 Yesterday I .... the floor for hours, and it still looks filthy.

5 By mistake I .... a bucket of water over the TV set. But

   I .... the TV immediately.

6 I .... to lead a boring life before I met her.

3. Od podanych rzeczowników utwórz czasowniki, nadaj im formę czasu *Past Simple* i uzupełnij nimi zdania.

collection   loss   meeting   miss   panic   tip   try   walk   wedding ✔

1 My father always .... to work.

2 I .... my wife at a party. We ..*married*.... one year later.

3 My boss is a very quiet person, but yesterday he .... his patience.

4 My grandpa .... stamps. Now they are worth a fortune.

5 When the fire broke out, people ....

6 Yesterday evening everyone .... the waiter generously. He was very nice and deserved a good tip.

7 Normally, my brother always scores during a basketball game. But in the decisive match he .... too hard. He .... five times.

4. Twój *Yellow Langenscheidt-Cocktail* odniósł ogromny sukces na wczorajszym przyjęciu. Opowiedz, jak go przyrządziłeś!

You need:

1 melon
1 grapefruit
2 lemons
water
sugar
mint leaves
lemon twists

Halve a melon and remove the seeds. Make melon balls with a scoop and chill them.
Peel a grapefruit with a sharp knife. Cut the fruit into segments. Sprinkle the grapefruit segments with sugar. Allow them to stand at room temperature for 30 minutes. Grate enough rind from two lemons to give 2 tablespoons. Squeeze the juice of 2 lemons. Add the grapefruit and melon balls, then purée everything in a blender. Add enough water to give half a litre of liquid. Stir well. Taste and add sugar if desired.
Serve the cocktail in frosted glasses. Sprinkle the glasses with lemon grind. Garnish the cocktail with green mint leaves and a slice of lemon.

How I made that gorgeous cocktail? Well, I halved a melon and removed the seeds. Then ...

5. „*Dzień z życia gospodyni domowej*". Połącz zdania, stosując czas *Past Simple* lub *Continuous*.

1 I cleared the breakfast table.	My husband left for work.
2 I did the ironing.	I watched TV.
3 I took the dog out for a walk.	I thought about a nice birthday present for my mother-in-law.
4 I remembered that I had to pick up clothes at the dry-cleaner's.	I put the dirty clothes into the washing machine.
5 I made the beds.	I listened to the radio.
6 I worked in the garden.	The postman rang the doorbell.
7 I cleaned the windows.	It started raining.
8 I hoovered the flat.	I realized it was time to think about dinner.
9 I looked through my cookery book.	I discovered a nice recipe for fish and chips.
10 I peeled the potatoes and cut them into sections.	My mother dropped in for a cup of tea.
11 I laid the table.	My husband came home from work.
12 I opened a bottle of wine.	He sat at the table and looked forward to his dinner.

1 *While I was clearing the breakfast table my husband left for work.*

2 ....

3 ....

4 ....

5 ....

6 ....

7 ....

8 ....

9 ....

10 ....

11 ....

12 ....

6. **„Wieczór z lordem Sinclairem".** Przeczytaj, co Lord Sinclair zazwyczaj robi, kiedy spędza wieczór w teatrze.

Once a week Lord Sinclair goes to the theatre. On these occasions he always wears his morning suit. It consists of a long black coat, striped trousers and a waistcoat. He loves wearing a white shirt and a grey tie with his morning suit. Two hours before the start of the play he gets dressed. His butler prepares his top hat and cleans his shoes. Lord Sinclair has a glass of port in the library, and then his chauffeur drives him to the theatre. He takes his seat in the family box and follows the first act. During the break between the first and second act he has a glass of champagne. After the second act he always calls his mother to tell her about the play. When the curtain falls he usually feels hungry. After the performance he has supper at his club. Afterwards he and his friend play a game of bridge. Then he returns to his flat and goes to bed.

7. **Uzupełnij rozmowę telefoniczną, którą lord prowadzi ze swoją matką następnego dnia, po wizycie w teatrze.**

● *Lord Sinclair's mother*   ▲ *Lord Sinclair*

● Did you go to the theatre last night?

▲ Yes, of course I *went*..... to the theatre.

● Why didn't you call me?

▲ I .... ① you because I ....② during act two. The play ....
    ....③ very boring.
    to be

● Did you wear your morning suit?

▲ Yes, I ....④ my morning suit with the long black coat, the striped trousers and my waistcoat.

● Did you wear a white shirt and a grey tie?

▲ Yes, I ....⑤ a white shirt and a grey tie.

● Did James prepare your top hat?

▲ Yes, he ....⑥ my top hat, and as always he also ....⑦ my shoes.

● Did you have a glass of port in the library before you ....⑧?
    to leave

▲ Yes, I .... ⑨ my usual glass of port. Benton .... ⑩ me to the theatre.

● Did you take a seat in the family box?

▲ Yes, of course I .... ⑪ a seat in the family box.

● Did you have a glass of champagne after the first act?

▲ I'm afraid I can't remember how many glasses of champagne I .... ⑫. All I remember is that I suddenly .... ⑬ very tired. After the second
_{to feel}
act, Humbert .... ⑭ up. I immediately .... ⑮ to the flat and
_{to wake up / me}
.... ⑯ to bed.

● You must have a double then. I just .... ⑰ to Lucinda, and she told
_{to talk}
me that her niece, whom I dislike very much, as you know, ... ⑱
_{to spend}
a wonderful evening at the Ritz yesterday with someone who .... ⑲
_{to look}
exactly like you.

8. **Uzupełnij tabelkę.**

bezokolicznik	3. os., czas teraźniejszy Present Simple	Past Continuous	Past Simple
....	....	....	*said* ....
to choose	....	....	....
....	*tries*	....	....
....	....	....	*did* ....
....	....	*having*	....
....	....	*eating*	....
to hope	....	....	....
....	....	....	*supplied*
to begin	....	....	....
....	*develops*	....	....
....	....	....	*agreed*
to argue	....	....	....

3. Czasy *Past Simple* i *Present Perfect*

1. *Past Participle*, czyli tzw. trzecia forma czasownika, której musimy tu użyć, we wszystkich niżej podanych wyrazach jest identyczna z formą czasu *Past Simple*.

> buy ✔ feed have hear make pay read spend travel

Money, money, money

1 What type of car have you ..*bought*.. ?

2 How much money have you .... for the car?

3 Have you .... all your money on a new limousine?

Leisure time and food

4 How many Italian operas have you .... recently?

5 What American short stories have you ....?

6 When have you .... lunch today?

7 Have you .... coffee yet?

8 Has he .... the cats?

9 Have you often .... by boat?

2. W tym ćwiczeniu będzie nieco trudniej, ponieważ formy, które należy wstawić, nie pokrywają się z formami czasu *Past Simple*.

1 How many times have you .... to the theatre this month?
   _{to be}

2 What colour have you .... for your new car?
   _{to choose}

3 How many banks have you ....?
   _{to rob}

4 Where have you .... the money?
   _{to hide}

5 Have you ever .... snails?
   _{to eat}

6 How many bottles of champagne have you .... this week?
   _{to drink}

7 Have you .... the latest Steven Spielberg movie?
   _{to see}

3. *„Dziennik hipochondryka"*. Przyporządkuj objawy chorób do ich przyczyn.

1 My eyes are sore.	do too many stretching exercises
2 I've got a stiff neck.	smoke too many cigarettes
3 My breath smells.	sunbathe all day
4 I'm feeling tired.	eat too many garlic and onion canapés
5 My back aches.	
6 I've got indigestion.	walk in the rain
7 I'm coughing.	watch television all night ✔
8 I'm suffering from a hangover.	not get enough sleep
9 My feet hurt and I have several blisters.	carry heavy shopping bags
	spend too much time sitting at the computer
10 I've got sunburn.	eat too many chocolates
11 I've caught a cold.	walk around in high heels all day
12 I'm sweating.	drink too much

I am so miserable!

1 My eyes are sore *because I have been watching television all night.* .

2 I've got a stiff neck ....

3 My breath smells ....

4 I'm feeling tired ....

5 My back aches ....

6 I've got indigestion ....

7 I'm coughing ....

8 I'm suffering from a hangover ....

9 My feet hurt and I have several blisters ....

10 I've got sunburn ....

11 I've caught a cold ....

12 I'm sweating ....

4. **For** i *since* – wstaw czasowniki w odpowiedniej formie – *Past Simple* lub *Present Perfect*.

to live	I .... ① here for the past 15 years. I love this part of town and I enjoy living here. Hemingway also .... ② here for two years – from 1944 to 1946.
to move, to be able to	Since we .... ③ to London in 1960, I .... ④ to improve my English.
to attend	I .... ⑤ evening classes for 2 or 3 months now.
to smoke/not	My mother .... ⑥ for several days.
to see	We .... ⑦ him a fortnight ago, but nobody .... ⑧ him since.
to go, to be	It is a long time since we .... ⑨ dancing together, isn't it? In fact, I don't think we .... ⑩ to a disco for more than ten years.
to be, to turn up/not	I .... ⑪ waiting here for more than an hour. But my mother .... ⑫ yet, so I'm still sitting here.

5. **Past Simple** czy **Present Perfect**? Zwróć uwagę na podkreślone wyrażenia, charakterystyczne dla każdego z tych czasów.

1 <u>Some time ago</u> my father <u>had</u>...... a stroke. He <u>has recovered</u>.... <u>now</u>.
      _{to have}   _{to recover}

2 <u>Last year</u> my parents .... at home during their holidays. But <u>this year</u>
          _{to stay}
   they .... a trip around the world.
     _{to make}

3 I .... his address and .... it <u>yet</u>.
   _{to lose}   _{to find/not}

4 I .... my brother <u>since last Christmas</u>.
   _{to see/not}

5 David, why .... for breakfast <u>this morning</u>?
         _{to come/not}

6 I .... <u>just</u> .... my translation.
   _{to finish}

7 .... you <u>ever</u> .... to the USA? Yes, <u>last week</u> I .... New
  _{to be}   _{to visit}
   York.

6. *„Szukamy pracy"*. Uzupełnij poniższą rozmowę kwalifikacyjną, stosując czas teraźniejszy, *Present Perfect* lub *Past Simple*.

● *Ms Callman, Head of the Personnel Department* ▲ *Maria*

● Tell me something about your work experience.

▲ I *worked*........ for John Baxter Ltd. for about 10 years.
   <small>to work</small>

● Your English is good. You .... ① here for a long time, haven't you?
   <small>to live</small>

▲ Yes, I .... ② here for the past 16 years.
   <small>to live</small>

● Your surname is Sanchez. That sounds Spanish.

▲ Yes. My family .... ③ Spanish. I .... ④ born in Madrid.
   <small>to be</small>   <small>to be</small>

● What does your father do?

▲ He .... ⑤ a teacher, but he .... ⑥ at the moment.
   <small>to be</small>   <small>to work/not</small>

● How long .... ⑦ learning French?
   <small>to be</small>

▲ I .... ⑧ taking French lessons for 2 years now.
   <small>to be</small>

● What about German?

▲ I .... ⑨ learning German 6 months ago.
   <small>to begin</small>

● How many times .... ⑩ your job?
   <small>to change</small>

▲ I .... ⑪ three jobs since I .... ⑫ school.
   <small>to have</small>   <small>to leave</small>

● Well, thank you very much. I'll call you tomorrow.

7. *„Kłótnia"*. Zastosuj *Present Perfect Continuous*.

● *the husband* ▲ *the wife*

▲ Do you realize that we *have been quarrelling* ever since we got married?
   <small>to quarrel</small>

● Well, I .... ① you to mend the roof for at least 5 years.
   <small>to ask</small>

▲ Which means that we .... ② about this roof for more than 5 years.
   <small>to argue</small>

● That's because you .... ③ to anything I said during our marriage.
   <small>to listen/not</small>

▲ Ever since we met you .... ④ to boss me around.
   <small>to try</small>

● And you .... ⑤ me ever since you started your job.
   <small>to neglect</small>

4. Czas *Past Perfect*

1. Uzupełnij zdania czasownikami w czasie *Past Simple* lub *Past Perfect*.

All the things that can go wrong if you are a scatterbrained person!

1 I .... (try) to open the door to the flat for half an hour when I suddenly noticed that it was my neighbour's door, not mine. No wonder the key didn't fit.

2 I .... (search) for my glasses all morning when I realized that I had them on. I .... (wear) them all the time without noticing.

3 It .... (rain) all day long when I remembered that I .... (forget) to take the washing inside. So I couldn't wear my pink dress for the party that evening because it was still soaking wet. It served me right.

4 I had a date with my new boyfriend. We .... (arrange) to meet in a pub. I .... (wait) there for half an hour wondering why he .... (not turn up) when it occurred to me that we wanted to meet at a pub called The Wellington and not at The Nelson.

5 I .... (shop) around for quite some time when it suddenly dawned on me that I .... (forget) to turn off the lights of the car. I went back to the car. The car battery was too weak. I couldn't get the car started. My brother had to pick me up.

6 I .... (enjoy) the first half hour of a beautiful film at the cinema with popcorn and Coke when I remembered that I might .... (forget) to turn off the cooker in the kitchen. I left the cinema in a hurry and raced home, straight into the kitchen. Everything was o.k. I .... (forget) to turn off the cooker after all. How stupid of me!

7 I .... (walk) up and down the road for quarter of an hour wondering where on earth I .... (park) the car when I remembered my husband telling me that he needed it that day. What a waste of time!

2. *„Straszne przyjęcie"*. Kronika katastrofalnych wypadków pewnego wieczora... Opowiedz przebieg zdarzeń!

1	He ate most of the party sandwiches.	All the other guests arrived.	BY THE TIME
2	He ate too much.	He was sick.	BECAUSE
3	He forgot to dance with his girlfriend.	She was very angry and decided to ignore him all evening.	BECAUSE
4	He spilt some red wine.	A horrible stain appeared on the white table cloth.	WHEN
5	He drank too much at the party.	He couldn't go home by car and had to walk home.	BECAUSE
6	He annoyed so many people at the party.	Nobody wanted to drive him home.	BECAUSE
7	He forgot to put on his coat and it was raining.	He got soaking wet.	BECAUSE
8	He remembered that he carried a raincoat in his rucksack.	He caught a cold.	BY THE TIME
9	He walked ten miles in the pouring rain.	A car stopped and offered him a ride.	BEFORE
10	The rain stopped.	He arrived home.	BY THE TIME
11	He lost his keys.	He couldn't open the door to his flat.	BECAUSE
12	He rang his neighbour's door bell.	All of a sudden he remembered the spare key under the doormat.	WHEN
13	His friendly neighbour made him a pot of coffee.	He only suffered from a slight hangover the next morning.	BECAUSE

1   *By the time the other guests arrived he had eaten most of the party*

sandwiches.

5. Formy czasu przyszłego

1. Uzupełnij zdania za pomocą *to be going to* lub *will*. W rozmowie chodzi o sprawy rodzinne i ogólne prognozy na przyszłość.

1 Last year my aunt bought a farm in Canada. She and her husband <u>are going to</u> leave Europe for good. Perhaps my cousin <u>will</u> join them. But he hasn't made up his mind yet.

2 My parents .... lend us some money. I've asked them and they have agreed to do so. I'm sure my grandparents .... lend us the rest when we ask them and tell them that we need the money to buy a house.

3 My brother .... help me to clear the attic. He's big and strong and I'm sure he won't mind. The only problem is that he is always so busy.

4 My sister and her family .... stay with us over the Christmas holidays. They've done so for the past few years.

5 My mother-in-law has decided to have a big birthday party. She .... invite all her children and grandchildren.

6 If you ask him, my nephew .... surely give you a lift in his car.

7 I reckon my uncle .... be mayor of our little town one day.

8 My daughter has just enrolled at university. She .... study maths and physics. I think she .... be a famous scientist one day.

9 Her in-laws .... probably look after the baby if she asks them. They live just round the corner. If they say no, she .... have to get a baby-sitter.

10 My niece is an emancipated young woman. She and her boyfriend have agreed to share the household chores. He .... do the cooking and she .... be in charge of the shopping. But they haven't decided who .... do the cleaning in their flat. I suppose they .... get someone to do it for them.

2. „*Tydzień z życia szefa*". Oto kalendarz Twojego szefa z planami na przyszły tydzień. Powiedz mu, co ma zaplanowane, używając niżej podanych czasowników.

> to have ✔ to have to give to meet to appear to play to give
> to arrive to leave to attend

Monday	*12.30 am:* lunch with the Prime Minister
Tuesday	*10 am:* psychiatrist
	9 pm: squash with Joe
Wednesday	*10-12 am:* business meeting
	3-5 pm: university lecture: "Efficient Time Management"
	8 pm: Julia for dinner at Bellini's
Thursday	*2 pm:* Live Talk Show / BBC
Friday	*10 am:* train departure to Edinburgh / *1 pm:* arrival
	3 pm: talk at the Scottish Whisky Convention
	8.30 pm: train departure / *11.30 pm:* arrival London

1 On Monday at 12.30 am you *are having*...... lunch with the Prime Minister.

2 On Tuesday at 10 am you .... an appointment with your psychiatrist.

3 And at 9 pm you .... squash with Joe.

4 On Wednesday you .... a business meeting from 10 to 12 am.

5 From 3 to 5 pm you .... a university lecture on "Efficient Time Management".

6 At 8 pm you .... Julia for dinner at Bellini's.

7 On Thursday you .... at a live Talk Show at the BBC at 2 pm.

8 On Friday at 10 am you .... for a business trip to Edinburgh.

9 At 3 pm you .... a talk at the Scottish Whisky Convention.

10 At 11.30 pm you .... in London.

3. **Plany, plany, plany! – Czas teraźniejszy *Present Simple* czy *Continuous*? Chodzi tu o plany i dokonane ustalenia. Uwaga: czasowniki, które musisz wstawić, są w każdym zdaniu podane w porządku alfabetycznym!**

You need:

1 We *are taking* the children to the zoo | to close ✔
this afternoon. We'll be back at 7 o'clock. | to take ✔
The zoo *closes* ...... at 6 pm, and the bus .... | to take
an hour from the zoo to our part of town.

2 We .... to the cinema tonight. The late night | to go
performance .... at 10 o'clock. | to start

3 Our friends .... us tomorrow. Their train | to arrive
.... at 5 o'clock in the afternoon. | to visit

4 My daughter .... university this year. | to end
The summer term .... in March and | to start
.... in July. | to start

5 I .... not .... till the end of the play. | to leave
My last train .... at midnight and I mustn't | to stay
miss it.

6 We .... a big party next week. It .... | to be
father's birthday. | to have

7 I .... to the dentist's next week. I .... | to go
an appointment on Friday at 10 o'clock. | to have

8 We .... tickets for the football match next week. | to be
The tickets .... £25. They .... very | to buy
expensive. | to cost

4. *„Randka w ciemno".* **Czas przyszły** *Future Simple* **czy** *Continuous*?

● *Linda*

▲ *Patricia*

● .... ① with us on Saturday night?
  _{to go out / you}

▲ No, I won't. I .... ② on a blind date with a guy named John. My
  _{to go}
  brother arranged it. He reckons John is just my type. He thinks we
  .... ③ like a house on fire.
  _{to get on}

● How .... ④ him?
  _{to recognise / you}

▲ He .... ⑤ a copy of the Financial Times in his pocket and a red
  _{to have}
  rose in his hand.

● How .... ⑥ it's you?
  _{to know / he}

▲ He'll recognise me when he sees me. I .... ⑦ a bright red dress
  _{to wear}
  and a big red hat.

● .... ⑧ you up at home?
  _{to pick (up) / he}

▲ No, he won't. I .... ⑨ him at the Lonely Hearts Cafe at 8 pm.
  _{to meet}

● What .... ⑩ all night?
  _{to do / you}

▲ We probably .... ⑪ dinner first. And later we .... ⑫
  _{to have}   _{to go}
  dancing.

● Do you think you .... ⑬ spending time with a man you've never
  _{to enjoy}
  met before?

▲ Well, John .... ⑭ my tenth blind date and I'm sure I .... ⑮
  _{to be}   _{to have}
  a wonderful time on Saturday.

5. Uprzejme pytania tworzymy za pomocą formy *will*.
   Utwórz pytania i przyporządkuj je do podanych
   wypowiedzi.

---

open the window ✔   speak up   ring for a taxi   close the window
sign the letter   get us some tea or coffee   remind me to phone the baker's
excuse me   send off the invitations   pass on a message

---

1 It's absolutely stifling in this room.

Will you open the window, please?

2 It's freezing in here.

3 I think it's time for a drink now. We could all do with a break.

4 I'm afraid I couldn't hear what you just said.

5 It's much too late now. I've just missed the last underground.

6 I'm afraid I have to make a quick phone-call. I'll be back in a minute.

7 I urgently need to talk to the manager. It's a shame he's not in his office.

8 I mustn't forget to order the chocolate cake for my son's birthday party.

9 The secretary is going to the post-office.

10 The company's celebrating its 50th anniversary in June.

6. *"Pesymistyczne i optymistyczne spojrzenie w przyszłość"*. Uzupełnij rozmowę przyjaciółek, odbywającą się na krótko przed końcem roku, stosując formy *Future Perfect*.

☺ *Sandra, the optimist*   ☹ *Patti, the pessimist*

☹ Next year, my husband and I _will have been_ married for ten long and endless years. (to be)

☺ Next year, my husband and I .... ① ten years of joy and happiness together. (to have)

☹ Next summer, I .... ② in the same job with the same company for over seven years. (to work)

☺ Next summer, I .... ③ the pinnacle* of my career. (to reach)

☹ Statistically speaking, five years from now, the first half of my life .... ④ over. (to be)

☺ Statistically speaking, five years from now, I .... ⑤ going through my second adolescence. (to start)

☹ I'll be 35 in February. The enthusiasm of youth .... ⑥ by then. (to fade away)

☹ By the end of next year, I .... ⑦ completely grey. (to go)

☺ By the end of next year, I .... ⑧ all the colours of the rainbow. (to try)

☹ By then my husband .... ⑨ bald. (to go)

☺ By then my husband and I .... ⑩ that he looks just as sexy as Kojak. (to decide)

☹ Next year at New Year's Eve I .... ⑪ a bitter and depressed woman. (to become)

☺ No, you won't. Next year at New Year's Eve we'll be sitting here again – same time, same place.
Cheers and a Happy New Year!

* **pinnacle** the highest level of fame or success

6. Strona bierna

1. Sformułuj zasady obowiązujące w kuchni, używając strony biernej.

1 We serve tea in a tea pot.
Tea *is served* in a tea pot.
2 We boil potatoes in a pot.
Potatoes .... in a pot.
3 We prepare salads in bowls.
Salads .... in bowls.

4 We fry eggs in a pan.
Eggs .... in a pan.
5 We serve coffee in cups or mugs.
Coffee .... in cups or mugs.
6 We serve wine in glasses.
Wine .... in glasses.

2. Produkty i typowe dla nich opakowania. Najpierw przyporządkuj opakowania do produktów, a później ułóż zdania w stronie biernej.

flasks ✔ jars barrels bags tubs tub tins cartons or bottles bottles crates packets

1 We sell our perfume in *flasks*.   *Our perfume is sold in flasks.*
2 The distillery stores whisky in ....
3 But our customers buy whisky in ....
4 You fill milk in ....
5 One can buy marmalade in ....
6 We pack crisps in ....
7 We deliver bottled beer in ....
8 We distribute our catfood in ....
9 We sell chewing-gum in ....
10 We offer ice cream in ....
11 I buy margarine in a ....

3. **„Jak zostać bogatym i sławnym pisarzem" – Część 1.** Zastąp podkreślone rzeczowniki i wyrażenia odpowiednimi zaimkami osobowymi.

1 The writer jots down <u>the main ideas of the story</u>.

2 He writes <u>an outline of the story</u>.

3 He fleshes out <u>the characters and the plot</u>.

4 He finishes <u>the novel</u>.

5 He sends <u>the manuscript</u> to the editor of his local newspaper.

6 The editor prints <u>excerpts</u> in the weekend edition.

7 The author offers <u>the novel</u> to a publisher.

8 If he likes it, he will publish <u>the novel</u> as a hardcover book.

9 Later, the bookshops offer <u>the paperback edition</u>.

10 The shops sell <u>50 million copies</u> in the first year.

11 Leading literary translators translate <u>the novel</u> into many languages.

4. **Teraz napisz powyższe zdania w stronie biernej. Użyj zaimków jako podmiotów.**

1 *They are jotted down by the writer.* ....

2 ....

3 ....

4 ....

5 ....

6 ....

7 ....

8 ....

9 ....

10 ....

11 ....

5. **„Jak zostać bogatym i sławnym pisarzem"** – część 2. To tytuł artykułu o Tobie, ponieważ prasa śledzi przebieg Twojej kariery. Stosując podane konstrukcje, utwórz zdania w stronie biernej w czasie przyszłym.

It is believed .... 1 .... Critics review the novel.

It is known .... 2 .... A Hollywood film producer buys the property.

It is reported .... 3 .... The producer asks the author to turn the novel into a film script.

It is understood .... 4 .... A distributor releases the film based on the novel.

It is alleged .... 5 .... Cinemagoers all over the world love the film.

It is said .... 6 .... The jury awards the Nobel prize for literature to the author.

It is understood .... 7 .... The Hollywood film producer wins the Oscar in the category Best Film Production of the Year.

1 *It is believed that the novel will be reviewed by critics.*

2 ....

3 ....

4 ....

5 ....

6 ....

7 ....

6. **Które wydarzenie lub dzieło związane jest z którym nazwiskiem?**
   Używając podanych czasowników zbuduj zdania w stronie biernej:
   dopasuj „Kamienie milowe historii ludzkości" do ich „twórców".

> Shakespeare   Mary Quant   James Watt   James Cook
> Sir Christopher Wren   George Gershwin ✔   Vivien Leigh
> John F. Kennedy   William the Conqueror   David Lean

1 The opera "Porgy and Bess"   .... *to compose*

2 Many famous churches and other   .... *to design*
  buildings in London

3 In 1066 England   .... *to conquer*

4 The miniskirt   .... *to create*

5 The part of Scarlett O'Hara in   .... *to play*
  "Gone with the Wind"

6 The films "Lawrence of Arabia" and   .... *to direct*
  "Doctor Zhivago"

7 The play "King Lear"   .... *to write*

8 Australia and New Zealand   .... *to discover*

9 The steam engine   .... *to invent*

10 The phrase "Ich bin ein Berliner"   .... *to coin*

1 *The opera "Porgy and Bess" was composed by George Gershwin.*

2 ....

3 ....

4 ....

5 ....

6 ....

7 ....

8 ....

9 ....

10 ....

7. „Czy słyszałaś ostatnią nowinę?" Oto najnowsze plotki. Przekształć podane zdania, stosując stronę bierną.

1 People say that Lord Sinclair was a spy for the KGB.

   He is said to have been a spy for the KGB. ....

2 The newspapers report that his wife had a nervous breakdown when she heard about her husband's secret service activity.

   She is reported ....

3 Friends of ours believe that their son regularly uses the personal services of Madame Fifi.

   He is believed ....

4 I hate to be bitchy*, but have you heard about my boss? At the office it is said that his wife has left him.

   She is said ....

5 They also think that she now lives with a male model twenty years younger than herself.

   She is thought ....

6 My sister Dorothy knows her cosmetic surgeon. According to Dorothy, he facelifted her ten times over the past two years.

   She is said ....

7 Rumour has it that she spends a fortune on clothes.

   She is said ....

8 Reliable sources think that her handsome young lover will allow her to marry him because she is rolling in money.

   He ....

9 Well, we all know that he had an affair with Lord Sinclair's younger daughter and that he dropped her when the other woman came along.

   He ....

10 The papers report that she gave a live interview on television talking about all the details of their love life.

   She ....

11 People say that she is not capable of keeping anything to herself.

   She ....

   I really loathe people who bitch about others, don't you?

* **bitchy** in a malicious manner

7. Gerund a bezokolicznik

1. „*Nasz kinoman obejrzał ostatnio dużo filmów"*. Znajdź w diagramie odpowiednie czasowniki, dodaj końcówkę *-ing* i uzupełnij tytuły filmów. Pomogą Ci w tym podane nazwiska aktorów.

		Starring
1 Missing		Jack Lemmon
2 .... John Malkovich		John Malkovich
3 .... Down		Michael Douglas
4 Stop .... Sense		David Byrne
5 .... the Faith		Ben Stiller
6 She's .... a Baby		Kevin Bacon
7 .... Rita		Michael Caine
8 Dirty		Patrick Swayze
9 .... by Numbers		Joan Plowright
10 .... for Richard		Al Pacino
11 The .... Fields		Sam Waterston
12 .... on Heaven's Door		Til Schweiger

```
A R T H O S M H G V E I J X W M S K
E S E U(M I S S)F N S E N V E R F G
E S D S E N A U A S A H B R P B E N
G L U A U B B U L S T E I G E N R E
N T C R O K I L L N U M F N R A K B
S C A H R N I T B M A K E H A V E I
V O T L E O E N B E N D R O W N E G
E N E O S C G D A N C E N A C H P I
N A N O U K E N E I N V I E L E E G
R U S K E A N P L S B I T R E N N X
Y A O S T L N K L S B X R N X T J U
S T A X J M U R S A K C R Q F S T A
```

2. „*To, co lubimy robić!*" Połącz części zdań, tworząc formę *Gerund* (-*ing*). Uwaga: czasami trzeba dodać przyimek (*in, of, on lub to*)!

1 I'm a real movie buff. That's why I love

2 I study economics. Therefore I think it is worthwhile

3 I like animals. Therefore I am very keen

4 I'm a keen supporter of Manchester United. That's why I enjoy

5 I love New York City. Therefore I dream

6 I've always been a great fan of Gene Kelly and Fred Astaire. In fact, I wouldn't mind

7 I'm a real bookworm. I like all kinds of literature but I'm particularly fond

8 One of my hobbies is water colour painting, but I'd be interested

9 Many people say I'm something of polyglot because I'm keen

10 They also call me a real cosmopolitan because I always look forward

11 I'm afraid I'm not a very active person. I really love

12 I'm a sociable person. I think it's great fun

a to move to the United States.

b to read novels and short stories.

c to go to the cinema regularly. ✔

d to know more about other painting techniques.

e to hang around in cafés and meet friends.

f to go to Old Trafford to see my favourite team playing.

g to try tap dancing myself.

h to support the World Wildlife Fund and similar organisations.

i to read the Financial Times every day.

j to do nothing or to lie in bed and watch an old Hollywood movie on television.

k to learn languages.

l to organise my next trip around the world.

1 I'm a real movie buff. That's why I love *going to the cinema regularly.*

2 I study economics. Therefore I think it is worthwhile ....

3 I like animals. Therefore I am very keen ....

4 I'm a keen supporter of Manchester United. That's why I enjoy ....

....

5 I love New York City. Therefore I dream ....

6 I've always been a great fan of Gene Kelly and Fred Astaire. In fact, I wouldn't mind ....

7 I'm a real bookworm. I like all kinds of literature but I'm particularly fond

....

8 One of my hobbies is water colour painting, but I'd be interested ....

....

9 Many people say I'm something of a polyglot because I'm keen ....

....

10 They also call me a real cosmopolitan because I always look forward ....

....

11 I'm afraid I'm not a very active person. I like ....

12 I'm a sociable person. I think it's great fun ....

3. Nowy dyrektor otrzymał zadanie wyciągnięcia firmy z kryzysu. Oto jego pierwsze przemówienie do pracowników. Wpisz czasownik + formę *-ing* lub czasownik + *to*.

Ladies and Gentlemen,

1 We can't afford .... too much money on restructuring our com-
   _{to spend}
   pany.

2 We managed .... our corporate image. We mustn't forget ....
   _{to improve}
   .... the quality of our products, too.
   _{to improve}

3 I'm worried because competition seems .... tougher.
   _{to get}

4 We failed .... a new product line.
   _{to develop}

5 Our management tends .... too optimistic.
   _{to be}

6 We decided .... new marketing strategies.
   _{to adopt}

7 We promised our shareholders .... with better sales figures.
to come up

8 I suggest .... in touch with a consulting firm.
to get

9 We even considered .... our workforce.
to reduce

10 But we better postpone .... workers. Otherwise the trade unions
to dismiss

might threaten .... on strike. I hope .... to solve our
to go ... *to be able*

problems.

4. **„Jak ludzie się zmieniają!"** **Opisz, jaka kiedyś była Twoja przyjaciółka (używając konstrukcji** *used to* **+ bezokolicznik) i przedstaw zmiany, jakie ostatnio u niej nastąpiły.**

1 Veronica *used to believe* in marriage and having many children. Now she
to believe

thinks it's much better staying single and .... a new boy-
to think ... *to have*

friend every month.

2 Everybody said she .... a bit of a loner because she always
to be

liked to do things on her own. But now she .... a rather
to be

sociable person.

3 She .... in the country. Now she .... a city-dweller.
to live ... *to be*

4 She .... healthy wholefood. But now she .... into
to eat ... *to be*

fast food.

5 She .... the beautiful, unspoilt countryside. But now city life
to love

really .... her.
to suit

6 She .... cars. But now she .... a fast sports car.
to hate ... *to drive*

7 She .... quiet and peaceful evenings at home. But she has
to prefer

become a real party animal. She .... parties and likes to
to enjoy

dance all night.

8 People .... her a country bumpkin. But now she
to call

.... considered a city-slicker because she ....
to be ... *to think*

she knows more about fashion and culture than country bumpkins.

8. Imiesłów

1. *Jeszcze jeden zwykły dzień!* Opisz przebieg dnia. Zwróć uwagę na to, że niektóre wydarzenia odbywają się równocześnie (są napisane obok siebie), a inne następują jedno po drugim (i napisane są jedno pod drugim).

1 be woken up by the sound of the alarm clock
  get up

2 take a shower
  get dressed

3 have breakfast   watch breakfast TV

4 drive to work   listen to the news on the radio

5 work from 9 to 5
  go home

6 eat something
  go to the local pub

7 drink 2 pints of beer   talk to colleagues and friends

8 come home
  set the alarm clock

9 think about what happened   fall asleep
  during the day

1 *Having been woken up by the sound of the alarm clock, I get up.*

2 ....

3 ....

4 ....

5 ....

6 ....

7 ....

8 ....

9 ....

2. Tu znajdziesz osoby o niezbyt przyjemnych charakterach.
Utwórz zdania, przyporządkowując im typowe dla nich zachowania.

> bore coward fusspot gossip narcissist ✔ pessimist
> scaremonger yes-man

1 He can't pass a mirror without looking into it and admiring himself,
because he is such a vain person.

Being such a narcissist, ... he can't pass a mirror without looking into it
and admiring himself.

2 Our neighbour spreads stories about burglars in our area which make us
feel frightened. She likes to cause public fear.

....................................., our neighbour spreads stories about burglars
in our area which make us feel frightened.

3 The man ran away instead of helping the poor woman who was attacked
by two criminals. He showed no courage whatsoever.

....................................., the man ran away instead of helping the poor
woman who was attacked by two criminals.

4 All she's interested in is buying clothes and reading fashion magazines.
She doesn't seem to take an interest in anything else.

....................................., all she's interested in is buying clothes and
reading fashion magazines.

5 Grandma tends to think that horrible things are more likely to happen
than good things. Sometimes she's a real prophet of doom.

....................................., Grandma tends to think that horrible things
are more likely to happen than good things.

6 My aunt loves talking about other people's private lives although it's none
of her business whatsoever.

....................................., my aunt loves talking about other people's
private lives although it's none of her business whatsoever.

7 Your mother is always complaining about everything and never satisfied
with anything.

....................................., your mother is always complaining about
everything and never satisfied with anything.

8 He agrees with everything other people say because he wants to please them.

...., he agrees with everything other people say.

3. **Podkreślone wyrazy to czasowniki oznaczające postrzeganie za pomocą zmysłów. Jaką formę należy nadać czasownikom po nich występującym: formę *-ing* (*Present Participle*) czy bezokolicznik?**

A night of horrors!

1 I was sitting in the library with my sister. First, my sister startled me. I didn't hear her ..*come*.. in. In fact, I hadn't <u>noticed</u> her .... the room in
   to come   to leave
   the first place.

2 Then I could <u>feel</u> something .... up my leg. It was a black spider.
                                      to crawl

3 I suddenly <u>felt</u> someone .... me on the shoulder. I turned round.
                              to touch
   There was nobody there. It must have been my imagination.

4 We <u>listened</u> to our neighbour's dog ....
                                            to howl

5 My sister asked me whether I had locked the door. I answered: "No, but I <u>heard</u> Richard .... the door."
                       to lock

6 Then all of a sudden we heard a noise. Checking the living room, we <u>watched</u> someone .... through the window.
                           to climb

7 We <u>heard</u> this person .... something.
                             to whisper

8 Then I could <u>smell</u> something ....
                                    to burn

9 Then there was an abrupt noise and we <u>heard</u> someone ....
                                                              to swear
   loudly. It was then that we recognized our grandad's voice. He had just lit his pipe. He was a bit drunk and had forgotten his keys. He had been trying to get into the house without waking us up.

9. Zdania z *if*

1. *If* czy *when*? – Oto jest pytanie!

1 I'm off to the party. I hope to be back by midnight. Don't worry ....*if*... I'm late.

2 I'm afraid you can't talk to my husband right now. He's on a business trip in London. I'm sure he'll get in touch with you .... he gets back. .... there is an urgent problem, however, I can give you his mobile number.

3 I'm going shopping soon. .... you want anything, let me know. .... I'm back, we'll have a cup of coffee. But .... I'm not in by 5 o'clock I suggest you have coffee without me.

4 My brother might phone this evening. .... he does, please tell him to pick me up at the airport tomorrow.

5 .... you can spare the time, please come and see me in my office. I'd be interested in your advice on some of our new projects.

6 I'm going to London next week. .... I'm there I'll contact our British representative immediately. Mind you, ... it's not raining I might go for a long walk around Hyde Park first.

7 I suggest we leave at one o'clock. But .... you can't make it, please leave a message on my answering machine. I'll call you .... I get back.

8 I've arranged to have the company car repaired on Wednesday. I'd be very surprised .... it gets fixed* by Friday. But I'm not sure. .... you need the car, however, I'll call the garage* . ... I speak to the mechanic in charge, I'll ask .... the car will be ready for collection.

---

* **to fix something** to repair or mend something
* **garage** motor vehicles are repaired and serviced in a garage

114

2. Dziesięć sposobów na to, by powiedzieć „nie".

1 I really can't come to your party tomorrow evening because I have to work.

If I didn't have to work, I would come to your party.

2 Oh dear, we can't go for a walk because it looks like it's going to rain any minute.

3 I'm sorry, but I can't go out with you because I have this terrible headache.

4 I'm always so busy. That's the reason why I don't visit you very often.

5 No, I can't have lunch with you today because I've arranged to meet my parents.

6 I can't have dinner with you. You're always talking with your mouth full.

7 What a shame. I can't babysit for you this Saturday. I have visitors this weekend.

8 I'm not asking you to come upstairs for a drink because my place is in a complete mess.

9 I promised my girlfriend to go shopping with her. So I can't help you with your packing.

10 I'm not going to marry you because we're not a bit alike and have absolutely nothing in common.

3. *„Jaki rodzaj sportu chcesz uprawiać?"* Nie jesteś w dobrej formie i szukasz odpowiedniego dla siebie sportu. Odpowiedz na pytania. Przyporządkuj każdemu rodzajowi sportu właściwe mu cechy i do pytania dopasuj radę, której udziela Ci trener. Kieruj się odpowiedziami, które zakreśliłeś.

Motor racing is your cup of tea.
Ice-hockey is the type of sport that I would recommend. ✔
You should join a rugby club or play American football.
I recommend cricket.
Tennis seems to be your kind of sport.
You should go in for horse racing or other equestrian sports.
Playing basketball or doing the highjump would be a good idea.
I recommend marathon running.
You should try paragliding or parachuting, or even hang-gliding maybe.

1 Do you like the combination of teamsports, bodychecks and ice-skating?

☒ Yes, I do. ☐ No, I don't.

If you like the combination of teamsports, bodychecks and ice-skating, ice-hockey is the type of sport that I would recommend.

☐ Yes, I do. ☒ No, I don't.

If you like the combination of teamsports, bodychecks and ice-skating, ice-hockey is not the type of sport that I would recommend.

2 Do you admire people like Boris Becker or Andre Agassi?

☐ Yes, I do. ☐ No, I don't.

....

....

3 Is altitude sickness a problem for you?

☐ Yes, it is. ☐ No, it isn't.

....

....

4 Are you very tall?

☐ Yes, I am.   ☐ No, I'm not.

....

....

5 Do you like horses?

☐ Yes, I do.   ☐ No, I don't.

....

....

6 Do you have good stamina and do you like long-distance running?

☐ Yes, I do.   ☐ No, I don't.

....

....

7 Do you like fast cars and are you obsessed with speed?

☐ Yes, I do.   ☐ No, I don't.

....

....

8 Do you prefer team sports and games that go on for hours, if not for days on end?

☐ Yes, I do.   ☐ No, I don't.

....

....

9 Do you like rough sports?

☐ Yes, I do.   ☐ No, I don't.

....

....

4. *„Nicka Hornby'ego sposób na życie".* Nick Hornby jest zagorzałym kibicem piłki nożnej. Co by było, gdyby...?

1 I had absolutely no time at all. I watched television all day.

   If I hadn't watched so much television, I *would have had* more time.

2 In fact, I spent the whole day in front of the television. They showed live football matches all day long.

   .... so many live football matches, I .... so much time in front of the TV.

3 I didn't study for my final exams – I didn't have enough time.

   .... more time, I .... harder for my final exams.

4 I didn't cover all the material that we were supposed to learn. I just didn't work hard enough.

   .... harder, I .... all the material.

5 I didn't learn all the topics. As a consequence, I was nervous and panicky.

   .... all the topics, I .... more confident and less nervous and panicky.

6 I didn't sleep well the night before the exam because I had terrible nightmares about failing.

   .... such nightmares, I .... better.

7 During the exam, I wasn't able to concentrate. That's why I made so many mistakes.

   .... to concentrate better, I .... so many mistakes.

8 In the end, I failed the exam. But I followed all the reports on the football matches.

   .... all the reports, I .... the exam.

9 But I'm proud to say that I wrote a good essay on the commercial side of sports! That was only possible because I watched the entire soccer World Cup on TV.

   .... the entire soccer World Cup on TV, I .... such a good essay.

10. Czasowniki pomocnicze

1. Oto cztery możliwości powiedzenia, że coś „ma" lub „miało" być lub stać się. Podkreślone fragmenty zdań zastąp wyrażeniami podanymi poniżej (1–4). Zwróć uwagę, że w niektórych zdaniach trzeba wprowadzić zmiany, tak żeby były one gramatycznie poprawne!

1	2	3	4
said to (do) supposed to (do)	supposed to (do)	meant to (be) intended to (be)	was to be
rumour	arrangement	purpose	destiny

1 <u>People say that</u> Joe drinks three bottles of whisky every day.

   Joe is said to drink three bottles of whisky every day. ......

2 <u>Rumour has it that</u> he eats ten hard-boiled eggs for breakfast.

   ......

3 His manager <u>claims that</u> he sleeps on a bed of nails.

   ......

4 <u>The purpose</u> of such torture is to gradually kill off all feelings of pain.

   ......

5 <u>Some people reckon that</u> he had robbed fifty banks when he was younger.

   ......

6 <u>The reason</u> for the bank robberies <u>was</u> to show the whole world that rules and regulations were not for him and that he is in a class of his own.

   ......

7 <u>It is alleged</u> that he has 30 children.

   ......

8 <u>He wanted to</u> prove that he is a real womanizer.

   ......

9 <u>It is believed that</u> he killed a lion with his bare hands.

   ......

10 Well, it runs in the family. <u>People say that</u> Joe's father Jim was a hunter in Africa and a famous bullfighter in Spain.

   ......

11 Jim <u>was bound to</u> become an ardent admirer of Ernest Hemingway.

....

12 And later, Jim, too, <u>became</u> the hero of many little boys – including his own son.

....

13 A film producer <u>plans</u> to do a documentary about Joe's many adventures.

....

14 <u>Rumour has it that</u> Joe will publish some of his poems next year. <u>The idea</u> is to show that he's got brains, not just brawn.

....

15 After that Joe <u>will</u> write his memoirs in order to increase his popularity.

....

16 He <u>will</u> do a promotional tour to sell the book.

....

17 <u>It was arranged that</u> this would be the start of his second career as a writer.

....

2. **Zdecyduj, czy czasownik** *can* **w podanych zdaniach wyraża umiejętność (U) zrobienia czegoś, czy pozwolenie (P) na coś.**

   U P

1 ☐ ☐ Can you lend me some money?

2 ☐ ☐ Would you ask your mother whether you can lend me some money or not?

3 ☐ ☐ Can my brother borrow your car?

4 ☐ ☐ I can use your pocket calculator, can't I?

5 ☐ ☐ I can play the piano quite well.

6 ☐ ☐ I can play the piano between 3 and 6 o'clock in the afternoon.

7 ☐ ☐ My sister can't play tennis, but my brother is very good at it.

3. Z poprzedniego ćwiczenia wybierz cztery zdania, w których *can*
   można zastąpić przez *may*.

1 ....

2 ....

3 ....

4 ....

4. *Must, mustn't, can, to be (not) allowed.* Uzupełnij zdania wyjaśniające
   tablice z zakazami.

1 | NO SMOKING |

You might see this in the non-smoking area of a restaurant. You *mustn't*
smoke there. You .... accept the fact that smoking cigarettes or
cigars .... You .... to smoke there.

2 | PLEASE DO NOT TOUCH |

You might find this sign in a museum. Visitors to the museum ....
look at the exhibits, but they .... to touch them.

3 | NO LITTER |

You might come across this sign in a picnic area. It means that you ....
.... take all your rubbish with you. You .... leave any
rubbish behind.

4 | NO THOROUGHFARE. PRIVATE ROAD |

This is a road sign. Vehicles .... to continue beyond this sign.
They .... turn round and try a different road. Driving on ....
....

5 | EMERGENCY EXIT ONLY |

Customers might read this in a department store for example. They ....
.... to use this exit in case of an emergency. But otherwise they
.... use it. If there is no emergency, they .... try and find
another exit.

6 | NO CHILDREN UNDER 12 |

You might come across this notice at the entrance to a pub. It means that
children under the age of 12 years .... enter the pub.

7 | ENTER WHEN YOUR NUMBER COMES UP |

That means that you .... proceed to the counter when your number appears on the screen.

8 | NO DOGS |

You .... bring dogs here. You might see this sign in a public garden or in a building. Exercising your dogs ....

5. **Nie posłuchałeś dobrych rad – teraz tego żałujesz!**

What my teacher, my parents, my friends, simply everyone always told me:
1 Work harder.
   I should have worked harder. ....
2 Attend classes more regularly.

   ....
3 Don't miss so many lessons.

   ....
4 Do your homework every day.

   ....

5 Go out less.

....

6 Listen to your professor's lectures more carefully.

....

7 Don't oversleep so often.

....

8 Don't always be late for classes.

....

9 Spend the weekends studying rather than partying.

....

10 Try to avoid last year's mistakes.

....

11 Convince yourself that school isn't so bad after all.

....

If I had remembered all those things I wouldn't have failed my exam.

6. **Wybierasz się w podróż. Tam, gdzie jedziesz, trzeba przestrzegać pewnych zasad. Wstaw** *mustn't, must/have to* **lub** *needn't*.

1 While in the jungle, never leave your group. You _mustn't_ walk around alone. You .... stay with your group.

2 The number-one rule is you .... drink the water. That includes tap water, ice and water from the lakes and rivers. Only drink purified boiled water. Of course you .... buy the expensive brands of bottled water, the cheaper ones will also do.

3 Only eat what our cook prepares for you. Tour members .... eat fruit or vegetables from the plants that grow in the forest.

4 Do not touch the plants. They might be poisonous. You .... pick flowers or tear off branches.

5 In order to be fit for our long walks, try going to bed early. You .... stay awake all night. But you .... go to bed at sunset.

11. Mowa zależna

1. Jaka miła niespodzianka! Patricia, przyjaciółka Jill, mówi jej, że spodziewa się dziecka. Oczywiście, Jill musi tę wiadomość przekazać dalej! Zwróć uwagę na zmiany, które trzeba wprowadzić w zdaniach, oprócz zmian czasów.

1 I have wonderful news.

Patricia told me that she had wonderful news.

2 Yesterday I had a pregnancy test done.

3 I am three months pregnant.

4 The baby is due in March next year.

5 I should have known myself because every morning I woke up feeling ill.

6 I felt sick in the mornings during the first couple of days of my pregnancy.

7 I gave up smoking when I found out.

8 I've been reading many books about how to be a good mother.

9 We're going away for a few days because I need a rest.

10 Eventually, I'm going to give up work.

11 You can come and babysit for me if you like.

2. Przy tej okazji Jill musi również opowiedzieć, co nowego u niej słychać. Te wiadomości Patricia oczywiście przekazuje dalej.

1 <u>Two months ago</u> John asked me to marry him.

Jill said that John had asked her to marry him <u>two months before.</u>

2 I've been in love with him for many years now.

She said that

3 So I said yes.

4 We're getting married on 5th June.

5 This will be the happiest day of my life.

6 Will you be able to come to our wedding?

7 We'll spend our honeymoon on the Bahamas.

3. Znajdź w diagramie 10 czasowników, które mogą znajdować się na początku zdania w mowie zależnej.

```
O Z G S F M K H J T Q X S C L
H S C P K A E N Z S T A T E Q
K A D M I T X Z E A L D M A S
G Y A S R E P L Y K R I E N T
S V B N R L L K H G E W E R T
U S E X P L A I N T M S A T R
D R A S A M I W E R A D D W E
E Z U M S A N S W E R F T U P
P H L T E L B M A N K Z U I O
X WM N K X Y O A D M S T V G
Q S I M J Y E Z U C A B S R N
```

4. Roberta spotyka w stołówce swoją koleżankę Fionę. Dla Fiony jest to pierwszy dzień po urlopie. Przeczytaj ich rozmowę.

● *Roberta*
▲ *Fiona*

● What was your holiday like?
▲ It was marvellous. We had a great time.
● Where did you go?
▲ We went to the Greek island of Rhodes.
● Who did you go with?
▲ I went with my husband.
● Where exactly did you stay?
▲ We stayed at a small hotel.
● What was the weather like?
▲ The weather was great. We had sunshine every day.
● How did you spend your time?
▲ We went for walks in the evening and did a lot of sunbathing.

5. Wieczorem Roberta opowiada rozmowę z Fioną swojemu mężowi. Uzupełnij jej opowiadanie.

1 I asked her *what her holiday had been like.*

   She answered that *it had been marvellous and that they had had*

   a great time.

2 I wanted to know ....

   She answered that ....

3 I asked her ....

   She replied that ....

4 I asked ....

   She answered that ....

5 I wanted to know ....

   She answered that ....

6 I asked her ....

   She replied that ....

6. Ponieważ urlop był bardzo udany, Roberta i John chcą obejrzeć zdjęcia i umawiają się z Fioną przez telefon na spotkanie. Roberta uzgadnia z mężem odpowiedzi na pytania, które zadaje Fiona.

Fiona's questions:

● Are you free next Saturday?
● Is 7 pm too early?
● Would you like to have dinner at our place?
● Are you interested in last year's photographs, too?
● Will you come by car or will you take the underground?
● Do you want me to draw a map to show you how to get to our house?
● Will you bring your kids?

"John, Fiona asks ...

1 *whether we are free next Saturday.*" ....

2 ....

3 ....

4 ....

5 ....

6 ....

7 ....

7. „*Przyjęcie*". Jackie i Joanne przychodzą na przyjęcie. Okazuje się, że Joanne miała o nim zupełnie inne wyobrażenie. Robi wymówki Jackie. Uzupełnij rozmowę.

● *Jackie*   ▲ *Joanne*

● Did you hear that? Our boss and his wife are coming to the party. How awful!

▲ But you told me *they weren't coming to the party* ...... You know I don't like them.

● Look, they're only serving drinks, and no food.

▲ Didn't you say .... ①. I'm starving!

● It is a fancy dress party! Everyone is wearing fancy clothes!

▲ I thought you said that .... ②. We're the only ones wearing normal clothes!

● There won't be any live music.

▲ But you said .... ③. What a shame!

● Everybody's giving presents to the hosts.

▲ I thought you said that .... ④. How embarrassing!

8. **Zakazy i nakazy. W British Museum otrzymałeś informację o zasadach tam obowiązujących. Opowiadasz o nich w domu.**

General Information

1. You may have to wait five or ten minutes at the entrance.
2. Queue at the end of the line.
3. Don't jump the queue.
4. Don't take bags or umbrellas into the museum rooms.
5. You needn't worry about your belongings – our cloakroom is never unattended.
6. You mustn't leave the marked path.
7. You can take photographs provided you don't use a flash.
8. You must follow the directions of our personnel.

"They gave us a leaflet which told us ...

1 ....

2 ....

3 ....

4 *not to take bags and umbrellas into the museum.* ....

5 ....

6 ....

7 ....

8 ....

12. Tryb rozkazujący

1. *I should have...* – dobre rady, których nie posłuchałeś. Jak brzmiały te rady?

1 I should have studied more.   *Study more.* ....

2 I should have worked harder.   ....

3 I shouldn't have missed so many lessons.   ....

4 I should have done my homework every day.   ....

5 I should have gone out less.   ....

6 I should have slept in less often.   ....

7 I shouldn't have been late for classes.   ....

8 I should have tried to avoid last year's mistakes. ....

2. Typowy konflikt pokoleń. Thelma narzeka na to, co ciągle powtarza jej mama. Używając podanych czasowników, napisz, jak brzmią słowa mamy.

"I am so bored. She constantly worries about my marks and wants me to spend more time doing my homework. She also doesn't want me to go out in the evenings. She even nags at me if I'm on the phone too long. If I buy make-up or lipstick, she thinks it's a waste of money. When I'm dressing up for a party, she throws me out of the bathroom because I spend ages in there. According to her, my life can't go on like this."

1 .... more time doing your homework!	**get out**
2 .... at home in the evenings!	**stay**
3 .... on the phone so long!	**spend change**
4 .... so much money on make-up and lipstick!	**chat**
5 .... of the bathroom immediately!	**spend**
6 .... your life!	

13. Phrasal Verbs

1. Do wyrażeń z *look* przyporządkuj synonimy.

1 to look after sb   a to search for specific information
2 to look for sb/sth   b to raise one's eyes
3 to look forward to sth   c to try to find sb/sth
4 to look sth up   d to take care of sb
5 to look up   e to anticipate with pleasure

2. Z poprzedniego ćwiczenia wybierz odpowiedni czasownik (*Phrasal Verb*) i wstaw w miejsce kropek. Pamiętaj o właściwym czasie.

1 I've lost my glasses. Can you help me to _look for_........... them?

2 Would you mind .... our cat while we're on holiday?

3 Please .... the word "looks" in the dictionary.

4 I am .... to seeing my brother next week. I haven't seen him for years. I'm so glad he's coming.

5 I am........................... my little sister. Have you seen her?

6 When I called his name, he .... from his newspaper.

7 She found a part-time job that allowed her to .... her old mother.

3. Co można zakręcić i odkręcić, co włączyć i wyłączyć?
   Zaznacz w tabeli czasowniki pasujące do danego rzeczownika.

	turn on / off	switch on / off	put on / off	turn up / down
light	....	....	....	....
television	✗...................	✗...................	✗...................	....
water	....	....	....	....
heating	....	....	....	....
cooker	....	....	....	....
volume	....	....	....	....

4. **Zastąp podkreślone czasowniki jednym z czasowników podanych niżej.**

to put sth away	to put sth off	to put sth on
to put sb up	to put up with sb / sth ✔	

1 I'm afraid I can't <u>tolerate</u> this noise any more.

I'm afraid I can't put up with this noise any more.

2 You don't have to stay in a hotel. Our friends have offered <u>to provide accommodation for you</u>. You can use their spare room.

....

3 We've been <u>postponing</u> the decision about whether to buy a new car or book a trip around the world.

....

4 Why don't you <u>wear</u> your red dress? It looks very nice on you.

....

5 It's time for bed now. Pick up all your toys and <u>throw</u> them in the toy box.

....

5. *to get* – **uzupełnij zdania, wstawiając jeden z podanych niżej czasowników.**

to get up ✔	to get out of sth	to get away	to get on sth
to get off sth	to get on / along with		

1 She doesn't .... her mother-in-law. They just don't like each other.

2 Jane called to say that she has a terrible headache. I think her headache is just a way of .... helping us to move house.

3 We'll .... the bus at the next stop.

4 I start work at 7 a.m. Therefore I have to .. *get up* .... at 6 o'clock.

5 There's been so much work recently I need to .... for a couple of days.

6 Quick! .... the underground. They close the doors very fast.

14. Tryb warunkowy (Subjunctive)

1. Oto nagłówki z gazet. Połącz części zdań.

1 Environmentalists have urged that

2 Tax authorities have recommended that

3 Trade unions have suggested that

4 Airport authorities demanded that

5 The shareholder's association suggested that

a dividends be increased to £30 per share.

b a new runway be built at Frankfurt Airport.

c the emission of carbon dioxide be reduced.

d measures be taken to fight tax evasion.

e new job creation schemes be introduced in order to reduce the number of unemployed people.

2. *Ach, ci rodzice!* **Zastąp podkreślone fragmenty zdań podanymi wyrażeniami.**

God bless them	if need be	be it right or wrong ✔
	come what may	be that as it may

1 My parents, <u>who are such wonderful people and I wish them all the best</u>, said they'll always stand by me.

My parents, ..., said they'll always stand by me.

2 <u>Whatever happens</u>, I can rely on them. ...., I can rely on them.

3 <u>Even if this is so</u>, I have to try and stand on my own two feet.

...., I have to try and stand on my own two feet.

4 <u>Whether it's right or wrong</u>, I'm moving out. *Be it right or wrong.* I'm moving out.

5 <u>If necessary</u>, I can always move back home. ...., I can always move back home.

15. Pytanie i przeczenie

1. Utwórz odpowiednie pytania, wstawiając czasowniki.

1 I'm looking for my little sister.   →   Who _are you looking_ for?

2 I'm looking for my little sister's teddy bear.   →   What .... for?

3 She was playing with her friend.   →   Who .... with?

4 He comes from Manchester.   →   Where .... from?

5 He lives in the posh part of town.   →   Which part of town .... in?

6 I am laughing at your jokes.   →   What .... at?

7 This coat is made of real Harris tweed.   →   What .... this coat .... of?

8 We were talking about our problems.   →   What .... about?

---

2. Phil jest bardzo dobrym uczniem. Jego brat bliźniak David jest jego zupełnym przeciwieństwem! Podaj pełną i skróconą formę przeczenia!

Phil ☺	David ☹
1 <u>is</u> a very good student.	_is not_ / _isn't_
2 <u>has made</u> good progress in his studies.	.... / ....
3 <u>does</u> his homework right after school.	.... / ....
4 <u>can</u> answer difficult questions.	.... / ....
5 <u>learns</u> fast.	.... / ....
6 <u>seems</u> to be doing well in all subjects.	.... / ....
7 <u>speaks</u> English very well.	.... / ....
8 <u>is</u> going to study a second language next year.	.... / ....
9 <u>will</u> pass his final exams.	.... / ....

3. **„Porozmawiajmy o pogodzie".** Ułóż odpowiednie pytania.

1 Yes, I think it's going to snow.

Do you think it's going to snow?

2 No, it wasn't raining last night.

....

3 Yes, indeed, it snowed three years ago on 1st November.

....

4 The weather turned dull a few days ago.

....

5 Yes, I think it's going to stop raining.

....

4. **„Rozmowa w restauracji".** Uzupełnij brakujące *Question Tags*.

● *Phoebe*   ▲ *Michael*

● Gosh, look at the prices! This has become a very expensive restaurant,
hasn't it?

▲ Do you really think so? It isn't that expensive, ... ①?

● The girl sitting at the table by the window doesn't know you by any chance,
.... ②? She's been staring at you for the past ten minutes now.

▲ I don't think we know each other. You're not jealous, ... ③?

● Dear me, no. Do you remember, we used to come here for lunch,
.... ④?

▲ Yes, I remember. There is another very good Indian restaurant round the
corner, ... ⑤? But I think you'd rather stay here, ... ⑥?

● Yes, I'd rather stay here. You wouldn't really expect such an excellent
restaurant in this part of town, ... ⑦? Oh, look, they serve
oysters here. You like oysters, ... ⑧?

▲ Yes, I do. Let's order, ... ⑨?

16. Rodzajnik nieokreślony

1. *a* czy *an*?

1 The price for petrol is five dollars ...*a*... gallon. That is too much. What ....
rip-off!

2 You're allowed to drive through these villages at 10 kilometres .... hour.
That's .... rather slow pace, isn't it?

3 What .... beautiful summer's day! It is .... pity that I have to work.
I'd much rather go for .... walk.

4 I go to the dentist's at least ten times .... year. He is such .... handsome
young man. That's why.

5 Take .... seat, please. You might have to wait for half .... hour.

6 I have such .... headache. I think I'll take .... aspirin.

7 He's .... Englishman. He has .... strange sense of humour and is slightly
eccentric.

2. Wstaw rodzajnik nieokreślony tam, gdzie to konieczne.

1 Mr Smith is ...*a*... leading local businessman. Last month he was elected
.... President of the Greenwich Golf Club for the third time.

2 My parents are lawyers, but I don't want to be .... lawyer.

3 As .... Chairman of Microsoft Inc., Bill Gates is one in the most successful
managers of the world.

4 As .... British Prime Minister you live and work in Number 10 Downing
Street.

5 He was appointed .... chief economist at the Bank of England in 1998.

6 He was made .... captain of the national soccer team.

7 Richard Burton was considered to be .... excellent actor. He was nominated .... Best Actor in 1969.

8 He went to the fancy dress party dressed as .... policeman.

3. **Reakcje odpowiednie do sytuacji.** Tam, gdzie to konieczne, uzupełnij poniższe wyrażenia rodzajnikiem nieokreślonym.

What .... beautiful morning! What .... fool I've been! What .... luck! ✔

What .... terrible weather!   What .... good idea!   What .... man!

What .... rotten luck!   What .... beautiful scenery!

What .... fantastic view!   What .... genius he is!

4. **Uzupełnij zdania właściwymi wyrażeniami.**

1 We thought we'd missed the plane because our train to the airport was thirty minutes late. But our plane was delayed one hour because of bad weather conditions. We all said: _What luck!_

2 He broke his arm on the first day of his holiday. All his friends said: ....

3 When I got up at 7 o'clock I opened the window. The sun was shining and the sky was blue. I said: ....

4 The mountaineers had reached the peak and were admiring the breathtakingly beautiful mountain range. They could see a long way.
They exclaimed: ....

5 Then unfortunately it started pouring with rain. They said: ....

6 I decided not to marry him because he didn't have enough money. Today he's a millionaire. Serves me right. ....

7 Two years ago John had a great idea for a new type of dishwasher. Last year he invented a novel type of lawnmower. He is so clever. ....

8 Yesterday we took the kids to the cinema to see the latest Tom Cruise film. After the performance the girls went: Ah, ...

9 Last year we spent our summer holidays travelling through Scotland. The countryside is so stunning. We kept saying: ....

10 "What about a trip to the seaside?" my boyfriend suggested. I love the sea so I replied: ....

17. Rodzajnik określony

1. W podanych wyrażeniach nie używamy rodzajnika określonego. Przyporządkuj im znaczenia.

1	to go to bed	a	to do a job and earn one's living
2	to go to school	b	to sleep
3	to go to hospital	c	to study for an academic degree
4	to go to work	d	to serve a jail sentence for a criminal offence
5	to go to prison	e	to be educated and taught by teachers
6	to go to court	f	to go to a religious service
7	to go to university	g	to undergo an operation
8	to go to church	i	to fight a legal case

2. Wstaw rzeczowniki z rodzajnikiem określonym lub bez. Użyj zwrotów z poprzedniego ćwiczenia.

1 Grandma is a very religious person. She goes to ...*church*.... every Sunday.

2 When I was ill all my colleagues came to .... to visit me.

3 My friend, who is a surgeon, works at ....

4 After leaving ...., I travelled around the world. I didn't want to start .... immediately.

5 The injured woman was taken to ....

6 A group of tourists went to .... to look at the famous frescoes depicting biblical scenes.

7 Mr Smith was sent to .... to serve a 5-year jail sentence for robbery.

8 I'm not going out tonight. I need my beauty sleep. I want to go to .... early.

9 If I pass my A-levels I'll go to .... to study law.

10 I was at .... yesterday to meet my daughter's teacher.

3. Znajdź w diagramie nazwy instrumentów muzycznych i zawodów
   związanych ze światem muzyki.

```
A S F M A I Z T J G C M B A V S Q R
H T E H J K P I L I H L H G D M M L
K B N A U I I L O P E D R U M S J H
B W Q C V Y A N G B K U L D V A H L
A R C U S J N I U A U T P O I X L V
M A R A V I O L I N I O P M O O S C
G I T A B N M L T D T T R U M P E T
Q A E G N H J L A L R W B M S H L H
A C O M P O S E R E P O E S P O L W
D T Z J A M O N J A C L A R I N E T
G O E R T Z J L A D F S X J A E L P
B U Z T R E V A B E C R K I N D J H
D R A M T N D E R R U H U F O Q A T
```

4. Znalezione w diagramie wyrazy przyporządkuj do podanych osób.
   Pamiętaj o wpisaniu rodzajnika określonego, tam gdzie to konieczne.

1 Jimmy Hendrix played ....*the guitar*.... .

2 I've been looking forward to a recording with B. B. King on ....
   and Eric Clapton on ....

3 Chet Baker, Dizzy Gillespie and Louis Armstrong played ....

4 Duke Ellington played ....

5 Benny Goodman played ....

6 Charlie Parker played ....

7 Yehudi Menuhin played ....

8 Billy Cobham plays ....

9 Glenn Miller was one of .... world's most famous ....

10 .... Cole Porter is famous for his contribution to ....
   world of musicals.

138

5. *Trochę ciekawostek o sławnych muzykach*. Wstaw rodzajnik określony lub nieokreślony, w miejsca, gdzie jest to konieczne.

1 Eric Clapton plays *the* guitar. He's .... Englishman living in .... south of England.

2 Charlie Parker played .... saxophone. He is considered .... creator of .... famous Bebop style. He is widely acknowledged as .... master of .... jazz music.

3 Louis Armstrong was born in Louisiana. He was married to .... well-known singer Ella Fitzgerald.

4 Ringo Starr played .... drums for .... Beatles. When .... band split up he started .... solo career.

5 Glenn Miller is .... composer of .... lot of evergreen songs. He played all over .... world. He founded .... era of .... Swing. On .... flight to Paris, his plane disappeared.

6 Stevie Wonder plays .... piano. He is one of .... most successful contemporary musicians.

6. Czy rodzajnik określony jest tu potrzebny czy nie? Uzupełnij opis drogi.

1 How do I get to .... Paddington Station, please?

2 Take .... bus. There is a bus stop round .... corner.

3 And how do I get to .... British Museum, please?

4 Well, I suggest going by .... underground.

5 Get off at .... Russell Square and walk to .... museum.

6 When you see .... big sign saying "British Museum", you're almost there.

7 If you don't want to take .... underground, you can go on .... foot.

18. Rzeczownik – liczba mnoga

1. Na początek – krzyżówka. Utwórz rzeczowniki od podanych przymiotników i odwrotnie.

1 strong

2 patient

3 advantageous

4 mysterious

5 proud

6 sarcastic

7 truth

8 generosity

9 energy   E N E R G E T I C

10 ambition

11 length

Rozwiązaniem jest przymiotnik: ....

Utworzony od niego rzeczownik brzmi: ....

2. Tworzymy liczbę mnogą. Wpisz rzeczowniki w odpowiednią kolumnę.

computer bus car ✔ bicycle fax hobby report mystery
pass disk company ✔ desk telephone paper toy meeting
colleague break office chair cupboard boss ✔ pencil play

-s		-es	y > ies
cars	....	_bosses_	_companies_
....	....	....	....
....	....	....	....
....	....	....	....

3.   **Przyzwyczajenia, zasady i wyjątki od reguły. Uzupełnij zdania.**

1   Normally, I buy one newspaper on my way to work. But when something
important happens I buy two or more *newspapers* .

2   Usually, I eat one kilo of apples per day. But when my sister comes to visit
me, I get two .... because she always brings her children. They
are crazy about apples.

3   I used to invite my colleagues to dinner once a month. My wife likes to
cook exotic meals. But last time my colleagues brought their ....,
too, and they started a big discussion about emancipation and women's
rights.

4   On Saturdays I always buy one loaf of bread. I eat one half over the weekend, the other half lasts me until the next weekend. But if I go on one of
my trips to the mountains I need three ....of bread which make six

....

5   I think everyone needs a hobby. I have four ....: I love reading, going
to the cinema, swimming and cycling.

6   In winter I have to wear a scarf. If I don't, I catch a cold immediately. On
extremely cold days I even put on two or three .... just to be on the
safe side.

7   My mother always has a photo of her family with her. When she meets up
with her best friend, however, she usually shows her at least forty or fifty of
the latest .... of her grandchildren.

8   I can't eat more than one potato: when I was a child, my mother was very
fond of .... and served them with absolutely everything.

9   One thing I like about big cities is that the markets offer every type of fruit
or vegetable throughout the year. Ever since I had mango and avocado
salad at my brother's place, I go and buy .... and .... at least
once a month.

19. Rzeczownik – dopełniacz

1. **Zaznacz w tabeli, zgodnie z którą regułą został utworzony dopełniacz w podanych zdaniach.**

		1	2	3	4	5	6	7	8	9	10
dopełniacz z 's	osoby										
	zwierzęta										
	miejsca, kraje										
	określenia czasu			✗							
dopełniacz z of	przedmioty										
	pojęcia abstrakcyjne										

1 These are children's books.

2 The cat's name is Felix.

3 May I have a glass of milk.

4 In a week's time we'll be in London. ✔

5 Let's have an hour's rest.

6 The effect of the ozone hole will be disastrous.

7 This is my boss's desk.

8 There is a bird's nest in the garden.

9 Germany's export figures are not as good as they used to be.

10 The door of our house is open.

2. **Zaznacz, jak należałoby utworzyć dopełniacz, gdybyśmy połączyli oba rzeczowniki.**

			's	of
1	the Queen	....	visit to Berlin	☐	☐
2	environment	....	protection	☐	☐
3	this year	....	crop	☐	☐

4	my aunt	....	birthday	☐ ☐
5	science	....	progress	☐ ☐
6	football match	....	result	☐ ☐
7	everybody	....	darling	☐ ☐
8	children	....	toys	☐ ☐
9	my dog	....	name	☐ ☐

3. **Znajdź siedem nazw zawodów, a następnie utwórz od nich odpowiednie nazwy sklepów.**

```
W B O J S K L E B N I Z K F E
D U G E T Z T D E N T I S T B
F T E Z A L K J K J W R I B M
U C J K T L O T I E W H A A N
C H E M I S T P O I E F W K B
A E J C O N F E C T I O N E R
E R O P N A F Z U C I N P R O
S J G R E E N G R O C E R Y N
Y Q W B R T R L F I E G E G V
```

4. **Wstaw odpowiednie nazwy sklepów.**

1 I bought a writing pad and two pencils at the *stationer's* .

2 Go and get us ten sausages from the ....

3 There is a .... just round the corner. I'll get us some bread for breakfast.

4 I have an appointment at the .... today. I've got a terrible toothache.

5 Would you mind getting us some fresh vegetables and fruit from the ....?

6 I've got such a headache and I've run out of aspirins. I better go to the .... and buy some.

7 Why don't you go to the .... and buy your friend a box of chocolates for her birthday.

5. Który tytuł pasuje do którego tekstu?

"Newton's discovery"   **"The discovery of Newton"**

A Sir Isaac Newton discovered the law of gravitation.
Analysing the incident of an apple falling on his head, he found out that
the gravitation constant equals the acceleration per second that a mass
of one gram causes at a distance of one centimetre.

B Britain rediscovers one of the country's most famous scientists. A new
biography showing many new facets of this extraordinary man will be
published next week.

6. Oto trochę trudniejsze formy dopełniacza. Utwórz dopełniacz od
podanych rzeczowników i uzupełnij zdania. W niektórych
przypadkach są dwie możliwości. Czy wiesz, w których?

1 I don't like your ......*friends'*...... attitude.   **friends**

2 I can't stand the .... secretary.   **boss**

3 Our .... secretaries are rather nice.   **bosses**

4 The .... bowls need to be cleaned.   **cats**

5 This is .... new cottage.   **Mr and Mrs Jones**

6 The .... toys are in the big box on the top   **kids**
shelf.

7 The .... safety standards need to be   **airlines**
improved.

8 .... daughter is our new neighbour.   **Mr Evans**

9 It's the .... twentieth wedding anniversary   **Millers**
next week.

10 I'm driving my .... car.   **parents**

7. „Koligacje rodzinne". Wstaw formy dopełniacza oraz odpowiednie wyrazy wybrane spośród niżej podanych.

son ✔   father   husband   cousin   brother   sister-in-law   in-laws

1 Jack is a ....*son*......... of my mother's sister. He is my cousin.

2 My nephew .... is my brother John. A sister .... – well, that's me, of course.

3 One of the six daughters of Grandma .... and Grandpa .... is Aunt Jane. Her .... is my Uncle James. He's Jack .... father. Remember, Jack is a ....

4 Joe is a .... of John .... and of course also a brother .... He's getting married to Joanne. She is my dentist and a good friend of Aunt Jane .... So next time I go to the dentist ...., I actually go and see my .... My brother's ....are our dentist .... mother and father. Isn't that funny?

8. *of* czy *'s*?

1 .... are famous. .... also
   _{whiskies / Scotland}   the beauty / the hills and lakes
   attracts many tourists.

2 Where have you put .... ? I'd like to see what's on
   TV guide / this week
   telly tonight.

3 We've done .... Let's call it a day now and go home.
   work / a hard day

4 I'm so exhausted. I think I need ....
   holiday / a week

5 We must try to improve ....
   the quality/ our products   sales figures / this year
   don't look rosy.

6 He is .... he gained is
   youngest Prime Minister/ Britain   the number / votes
   the highest in post-war Britain.

20. Rzeczownik – wielka i mała litera

1. Przyporządkuj daty do nazw świąt.

1 Valentine's Day	...f...	a	1st January
2 Thanksgiving Day	....	b	4th July
3 Halloween	....	c	31st December
4 New Year's Day	....	d	fourth Thursday in November
5 April Fool's Day	....	e	25th December
6 Boxing Day	....	f	14th February
7 Independence Day	....	g	1st April
8 New Year's Eve	....	h	31st October
9 Christmas Day	....	i	26th December

2. Wstaw nazwy odpowiednich świąt.

1 At ...., people dress up as witches and wear scary masks.

2 .... is a holiday in the United States, celebrating the survival of early English travellers to America, who nearly died of hunger. The traditional meal served on .... is turkey.

3 The third day celebrating Christmas is called ....

4 .... marks the national day in the United States, celebrating the signing of the Declaration of Independence in 1776.

5 On _Valentine's Day_ people send cards or give presents to someone they love.

6 .... marks the beginning of a new year.

7 .... is the day before New Year's Day. People have parties to celebrate the New Year.

8 On .... people play tricks on each other.

9 .... follows Christmas Eve and precedes Boxing Day.

3. **Wielka czy mała litera? Wstaw brakujące litery. Uważaj na pisownię!**

1 The u/.U...nited n/.N..ations o/.O....rganisation is headquartered in n/........ew
y/........ork c/........ity. It is probably one of the most important o/.O....rganisa-
tions where most n/..n.... ations are represented.

2 The f/........ederal b/........ureau of i/........nvestigation is an i/........nstitution for the
i/........nvestigation of criminal cases that concern more than one s/........tate of
the USA.

3 The origin of the u/........nited s/........tates of a/........ merica lies in the c/........onsti-
tution: today 53 s/........tates form part of the USA.

4 w/........ all s/........treet is a collective term for the leading financial centre in the
u/........nited s/........tates. But of course it also simply denotes the name of
a s/........treet in l/........ower m/........anhattan.

5 The r/........ocky m/........ountains are one of the most beautiful m/........ountain
ranges in the world.

6 In good t/........imes, if my f/........inancial situation is good, I enjoy reading the
f/........inancial t/........imes. If I'm out of cash, however, I never read or talk
about f/........inancial business.

7 The b/........ank of e/........ngland is not an ordinary b/........ank. It is the
c/........entral b/........ank of the u/........nited k/........ingdom.

8 This year, the s/........cottish w/........hisky c/........onvention takes place in the
s/........cottish town of Edinburgh. All important w/........hisky d/........istilleries
will attend it.

9 The b/........ritish p/........rime m/........inister lives and works in 10 d/........owning
s/........treet in l/........ondon. One of the most fascinating sights in l/........ondon
is the t/........ower of l/........ondon. It is a building which actually consists of
more than one t/........ ower. In the m/........ iddle a/........ges it was used as
a prison. In our day and a/........ge, however, people would never accept
a prison in the c/........ entre of a big c/........ ity.

21. Zaimki osobowe

1. Podkreślone fragmenty zdań zastąp zaimkami, poprzedzając je *to* lub *for*.

1 I bought <u>my little brother a football</u>.

I bought it for him.

2 We sold <u>our neighbours</u> <u>our van</u> for $100.

....

3 Could <u>your brother</u> fetch me <u>the glasses</u>, please?

....

4 Get <u>your mother</u> a <u>nice cup of tea</u>, will you?

....

5 The shop sells <u>home-made sandwiches</u> to <u>you and your employees</u>, doesn't it?

....

6 Could you pass <u>the salt</u> to <u>your father</u>?

....

7 I gave <u>twenty copies of the dictionary</u> to <u>your secretary Ms Adams</u>.

....

8 Have <u>your translators</u> received <u>the dictionaries</u>?

....

2. Uwzględniając podane tu rady i wskazówki, utwórz tryb rozkazujący. Pamiętaj o właściwym zaimku.

1 Why don't you take off <u>your jacket</u>?   *Take it off!*

2 Please hang up <u>your coats</u> on the   ....
coat rack over there.

3 I'm afraid we have to put off   ....
<u>the meeting</u> until tomorrow.

4 Don't throw away <u>last year's   ....
business reports</u>.

5 I'd like to try on <u>these dresses</u>.   ....

148

22. Zaimki dzierżawcze

1. „Posiadłości". Uzupełnij, wstawiając odpowiedni zaimek: typu *my*, *your* lub typu *mine, yours.*

1 Windsor Castle belongs to the Queen and the Royal Family, doesn't it?

   Yes, it is ....*their*...... castle. It has been ....*theirs*.... for many decades.

2 Will all ferry passengers please make sure that they take all .... personal possessions with them.

3 When .... uncle dies, you'll come into possession of a great deal of

   property. Everything will be .... He has no son. You're the rightful

   heir to .... entire fortune.

4 Does the Chase Manhattan Bank in New York City still belong to the

   Rockefellers? Yes, it's still .... owners are the Rockefellers.

5 My brother and I will inherit the house when .... parents die. It will

   be ....

6 My sister bought a plot of land in Scotland. 600 acres of good farmland

   are .... boyfriend will join her next year.

7 During the Great Depression in the 1920s everyone tried to be rid of ....
   bank notes and coins and invested in material assets.

2. Wstaw odpowiedni zaimek.

1 Oh dear! I think I've lost my pen. May I borrow one of .... , please?

2 By the way, tell your sister that we need her colour pencils, and you'd

   better bring .... , too, just in case she forgets to bring ....

3 I hope the others don't turn up without their watercolours. I'll bring

   .... at any rate. However, ... are better-quality colours.

4 Oh! And Tom, do remind your brother to bring the pen that I lent him. He

   had lost .... , you see. And I gave him .... because I didn't
   need a pen at the time.

23. Zaimki zwrotne

1. „Perły mądrości matki". **Wybierz odpowiedni czasownik i wstaw w miejsce kropek . Pamiętaj, że wszystkie czasowniki muszą być użyte z zaimkiem zwrotnym!**

> treat ✔ control defend make a fool of look after pay for make
> cut burn hate enjoy blame behave

1 After a hard day's work, you deserve something good. So _treat yourself_ to something nice.

2 We must never rely too much on other people taking care of us. We should all ....

3 If someone treats you unfairly, or unjustly accuses you of something, don't give in. Make sure you ....

4 When you're dating a man for the first time, don't let him pay the bill. Tell him: "I'd rather ...."

5 When you're working in the kitchen, be very careful with knives. Don't .... And mind the grill. You might ....

6 When you and your friends go to a party, have a good time and .... But be careful! Don't eat or drink too much. Make sure you always .... There is nothing worse than being drunk or sick at a party.

7 Tell your children to mind their manners and to .... when they go to their friends' houses.

8 If you say or do something stupid, don't worry. We all .... sometimes. You live and learn.

9 But if you make a serious mistake, don't say it's someone else's fault. ....

10 When you're having friends over for dinner tell them to feel at home and .... comfortable.

24. Zaimki wskazujące

1. Przyporządkuj podane zdania do odpowiednich punktów w tabeli.

This / these ...	That / those ...
1 oznajmiasz coś, co później zostanie nazwane lub opisane 3 opisujesz coś nieodległego w czasie 5 opisujesz coś, co znajduje się blisko Ciebie	2 komentujesz lub podsumowujesz coś, co zostało już wspomniane lub opisane 4 opisujesz coś oddalonego w czasie 6 mówisz o czymś, co znajduje się daleko od Ciebie 7 podkreślasz swoje negatywne lub pozytywne nastawienie do czegoś

☐ 1 "... and they lived happily ever after." <u>Those</u> words mark the traditional ending of a fairy tale.

☐ 2 <u>This</u> is what to do to get rid of a hiccup – jump up and down and count to five while holding your breath.

☐ 3 Paul Newman is my favourite male actor. I just adore <u>those</u> wonderful blue eyes of his.

☐ 4 <u>These</u> magazines here on my desk must be yours.

☐ 5 We could spend our holidays on one of <u>those</u> little islands in the South Sea.

☐ 6 We better solve <u>these</u> computer problems before we continue our work.

☐ 7 <u>Those</u> days when we used typewriters instead of computers are gone, thank God.

2. Wstaw *that / those* lub *this / these*.

1 Can you sign .... form here for me, please?

2 I love .... old black and white Hollywood movies, don't you?

3 Now stop interfering. ....'s none of your business.

4 .... were the days! The pace of life was not as hectic as it is now.

5 .... delivery problem is nothing compared to all .... difficulties with our suppliers that we had last year.

6 .... is exactly what he just said.

25. Zaimki względne i *Relative Clauses*

1. Przyporządkuj każde zdanie do odpowiedniej kategorii.

1	2	3
Relative Clauses dotyczące osób	Relative Clauses dotyczące przedmiotów	Relative Clauses dotyczące stanów rzeczy

1 The man who lives next door never says a word. ☐

2 We often go to London for the day, which is very nice. ☐

3 The train to London, which leaves every hour, is a fast train. ☐

4 I like living near London, which is the most exciting city in the world. ☐

5 Our new neighbour won't come to our dinner party, which is a pity. ☐

6 My father, who loves trains, used to work for a railway company. ☐

7 We live in a house which is very old. ☐

2. Które wyjaśnienie pasuje do którego *Relative Clause*?

1	2
The scientists, who know about the dangers of genetic engineering, call for a ban on genetically manipulated food.	The scientists who know about the dangers of genetic engineering call for a ban on genetically manipulated food.

A All scientists are aware of the dangerous effects of genetic engineering and therefore want a ban on genetically manipulated food.

B Only the scientists who know about this threat call for a ban. Other scientists don't support their colleagues' call for a ban on genetically manipulated food.

3. „Świat mody". Przyporządkuj pojęcia do ich definicji, wstaw też
   brakujące zaimki względne.

1 *A model...*   is a person ...*who*.... wears clothes
   .... are photographed or shown
   to potential buyers.

2 .... is a walkway .... models walk
   along presenting new clothes
   to an audience.

3 .... is a person .... creates clothes.

4 .... is a country .... many fashion
   houses have their headquarters.

   and .... is famous for its
   haute couture.

5 .... is an event .... is organized by
   fashion designers to present their
   latest creations.

6 .... is a set of clothes and

   accessories .... are designed for
   the new season.

7 .... is fashion .... is mass-produced
   and can be bought off-the-peg.

8 .... is a time .... all the famous fashion
   houses present their new collections.

catwalk
fashion designer
France
fashion week
collection
fashion
fashion show
model ✔
ready-to-wear

4. Przekształć zdania tak, aby opisywały reakcję otoczenia na zaistniałe
   wydarzenia.

1 Yesterday our neighbours were killed in a plane crash. The entire neighbourhood was shocked.

   Yesterday our neighbours were killed in a plane crash, *which shocked*
   the entire neighbourhood.

2 People are always pushing and shoving in the underground. I find this very annoying.

People are always pushing and shoving in the underground, ...

....

3 Yesterday one of my colleagues shut the door in my face. That was very rude of him.

Yesterday one of my colleagues shut the door in my face, ...

....

4 Manchester United were the better team, but the match was decided on penalties. Leeds won. It was most unfair.

Leeds won, ...

....

5 The athlete had failed to qualify for the Olympic Games by one hundredth of a second. Everyone thought it was such a pity.

She had failed to qualify for the Olympic Games by one hundredth of a second, ...

....

5. „Doniesienia prasowe". Połącz zdania za pomocą *which* i *who*. Uważaj na różnicę między informacjami niezbędnymi i dodatkowymi i wstaw w odpowiednie miejsca przecinki.

1 A UN environmental group warned that eating fish poses a health hazard. The fish is caught in polluted rivers and lakes.

A UN environmental group warned that eating fish which is caught in
polluted rivers and lakes poses a health hazard.

2 Greenpeace called on all governments to issue warnings to consumers. Greenpeace is an organization for the protection of the environment.

....

3 We grieve the death of a child. The child was killed by a pit bull terrier.

....

4 60 million land mines are still scattered around the world. They kill up to 10 people every day.

....

5 A huge oil spill blackened 60 kilometres of coastline in Brazil. The oil spill killed thousands of fish and birds.

....

6 Brazil's oil spill was caused when 4 million litres of oil escaped from a burst pipeline. It was the worst spill in 25 years.

....

6. „Dalsze doniesienia prasowe". Tutaj również trzeba połączyć zdania za pomocą *which* i *who*. Pamiętaj, że *Relative Clause* może odnosić się do części zdania lub tylko do rzeczownika.

1 A plane crashed into a residential neighbourhood near Bombay. This led to the killing of 60 people on board and 6 others on the ground.
   A plane crashed into a residential neighbourhood near Bombay, which
   led to the killing of 60 people on board and 6 others on the ground.

2 An investigation is still underway. It will determine the cause of the accident.

....

3 The crash has raised questions about the safety procedures for India's planes. They are sometimes called coffins in the air because of their bad record. ....

....

4 In 1986 Swedish technicians recorded levels of radiation. This was the beginning of the worst crisis in the history of nuclear power plants. ....

....

5 Fourteen years after the worst radiation accident in history, the remaining working reactor will be closed. The accident had taken place at the Chernobyl nuclear power station. ....

....

26. Zaimki nieokreślone (*some, any, much, many* itd.)

1. Na podstawie podanych wyrażeń utwórz pytania, które zadasz szefowi działu kadr podczas rozmowy kwalifikacyjnej. Użyj *how much* lub *how many*.

1 people – your company – to employ

How many people does your company employ? ....

2 money – secretaries – to earn per month

....

3 hours per day – employees – to work

....

4 time – workers – to have for their lunch breaks

....

5 holidays per year – they – to be entitled to

....

6 flexibility – you – to allow your workers

....

2. *Charaktery.* Opisz poszczególne typy osób, używając zaimków: *much, few, little, a lot of.*

A quiet person   ...doesn't talk *much.*........

...speaks only a.................... ① words at a time.

...communicates very .... ② with other people.

A lonely person   There are very .... ③ people around him.

He has .... ④ friends and doesn't go out

.... ⑤

A sociable person   ...knows .... ⑥ people.

...misses out .... ⑦ parties.

156

3. Uzupełnij podane informacje za pomocą *much, many, few* i *little*.

1 There was a food shortage after the drought. There was .... food
left. There wasn't .... food available.

2 There are not enough hospitals in third world countries. There are very
.... doctors.

3 There is a lack of unspoilt countryside on our planet. There is very ....
unspoilt countryside to be found.

4 There are not enough jobs relative to the number of job seekers. There are
too .... jobs available, there aren't .... jobs.

5 We've almost run out of time to solve the world's environmental problems.
We've got .... time left. In other words, we haven't got ....
time to spare.

6 The resources which poor countries have in order to finance development
projects are not sufficient. They have .... resources.

7 Some highly indebted countries are almost broke. They have ....
money, or, in other words, they don't have .... money.

4. „Jak spędzić czas wolny?" Są parą, ale – jeśli chodzi o spędzanie
czasu wolnego i zainteresowania – bardzo różnią się od siebie.
Uzupełnij zdania za pomocą *much, many* i *a lot (of)*.

1 My boyfriend and I do ..*a lot of*.... travelling. We've visited so ....
interesting countries on our trips abroad.

2 I am very fond of the mountains. I do .... mountain-climbing. But my
boyfriend reckons that there isn't .... else to do.

3 He loves the sea and therefore does .... swimming. I don't like it
...................myself, to be quite honest.

4 He gets .... pleasure out of water-skiing and sailing, too. There are
so .... water sports activities, he claims. Well, the only one that
I care for .... is fishing.

5 At home I spend .... my time going to the cinema. My boyfriend thinks there are too .... boring films, and going to the cinema is a waste of time.

6 I'm also crazy about dancing and so I go to discos .... My boyfriend wouldn't be seen dead in a disco. According to him, there are too .... people and too .... noise, and he doesn't like crowded and noisy places.

7 We don't have .... in common. But we try and spend as .... time together as possible. After all, we very .... enjoy each other's company.

5. **Opowiadasz o wczorajszym spotkaniu. Nie było ono, jak to podano w poniższych zdaniach, udane; wręcz odwrotnie, było całkowitą katastrofą. Napisz zdania przeczące.**

1 Yesterday's meeting was a big success. There were some questions we wanted them to answer if possible.
   Yesterday's meeting was a disaster. There weren't any questions
   we wanted them to answer.

2 They had some time left to explain everything in detail.

   ....

3 The managing director told us some interesting facts about the project.

   ....

4 I had read some of their reports.

   ....

5 I asked for some additional information about your company.

   ....

6 Luckily, they didn't have any problems with their new computers.
   Unfortunately,

7 That's why they could print some information about the sales figures and the staff.

   ....

6. „Napijesz się herbaty?" Uprzejmość w podejmowaniu gości. Wstaw *some* lub *any*.

● *Linda*

▲ *Lucy, her mother-in-law, drops in unexpectedly*

● Oh, hello, Lucy, how nice to see you. Would you like some coffee?

▲ No, thanks, I just had .... ①. But maybe I could have .... ② cake.

● I'm terribly sorry, but there isn't .... ③. What about .... ④ of our chocolate biscuits? They're freshly made.

▲ No, thanks, I prefer plain biscuits. I don't suppose you have .... ⑤, do you?

● No, I'm sorry. I don't. You really don't want anything to drink?

▲ Well, if I could have .... ⑥ tea?

● Yes, of course, I just made .... ⑦. You take milk with your tea, don't you? There is still .... ⑧ milk in the fridge. But I'm afraid I have to go shopping now before the stores close. Yesterday we had .... ⑨ people over for dinner, and there isn't .... ⑩ beer or wine left.

▲ Oh, if you go shopping, I need .... ⑪ fresh fruit. Could you get me .... ⑫ when you go to the greengrocer's?

● Of course. But I need .... ⑬ time for my shopping, because I have to go to the butcher's in town. This morning I wanted to buy .... ⑭ lamb chops in the village, but there weren't .... ⑮ in .... ⑯ of the supermarkets.

▲ Don't worry, I can wait until you come back. I'll read ....⑰ of your fashion magazines, or maybe I'll have a little nap*.

● Okay, see you later then.

* **to have a nap** to go to sleep

27. Słowa pytające

1. Znajdź właściwą odpowiedź do każdego pytania.

1 Where is he from?	a I'm fine, thank you. How are you?
2 Whose computer is this?	b It begins at 10 o'clock.
3 When does the meeting start?	c I am a technician.
4 Where is the meeting?	d He is from San Francisco.
5 Who will attend the meeting?	e It is my colleague's.
6 What do you do?	f It is in the main conference room.
7 How do you do?	g All members of staff have to be present.

2. Wstaw brakujące słowa pytające.

1 I'm looking for my little sister. → _Who_ are you looking for?

2 I'm looking for my little sister's teddy bear. → .... are you looking for?

3 She was playing with her friend. → .... was she playing with?

4 He comes from Manchester. → .... does he come from?

5 I am laughing at your jokes. → .... are you laughing at?

6 This coat is made of real Harris tweed. → .... is this coat made of?

3. Jak inaczej można sformułować podane pytania? Wstaw brakujące wyrazy.

1 Excuse me, could you tell me the way to the station, please? → Excuse me, _how_ do I get to the station, please?

2 How much are these oranges, please? → .... much do these oranges cost?

3 How old is he? → .... is his age?

4 What time will you be back? → .... will you be back?

5 Who does this castle belong to? → .... castle is this?

6 What is the weight of your luggage? → .... heavy is your luggage?

4. Ann chce uzyskać kartę biblioteczną. Uzupełnij treść rozmowy na podstawie wypełnionego formularza – utwórz odpowiednie pytania.

Name	first name	ANN	Address
	surname	THORPE	15, Oak Lane, Bath
	maiden name	PLYWOOD	Phone number 145 68 99
Date of birth		17ᵗʰ February 1975	~~Male~~/Female
Place of birth		London	
Marital Status		~~single~~	Children
		married	~~yes~~/no
		~~divorced~~	
Nationality		British	Occupation Secretary
Signature		*Ann Thorpe*	

1 ● *What is your name? First name and surname, please.*
   ▲ My name is Ann Thorpe.

2 ● ....
   ▲ I was born on the 17th February 1975.

3 ● ....
   ▲ I was born in London.

4 ● ....
   ▲ I'm married.

5 ● ....
   ▲ I'm British.

6 ● ....
   ▲ I live in Bath, 15, Oak Lane. My phone number is 145 68 99.

7 ● ....
   ▲ I have no children.

8 ● ....
   ▲ I work as a secretary.

   Would you like to sign here, please? Thank you very much. You'll receive your membership card in a few days.

5. **Taki sam formularz ma wypełnić studentka, która jest cudzoziemką i nie zrozumiała niektórych pytań. Przyporządkuj odpowiedzi do każdego z jej pytań.**

1 "What does maiden name mean?"   a It means job.

2 "What do you mean by nationality?"   b The word refers to the surname that you had before getting married.

3 "Could you explain the word occupation?"   c It means that you are not married.

4 "What is meant by single?"   d It means that you are a citizen of a certain country.

6. **Pytania dotyczące czasu. Uzupełnij zdania i udziel odpowiedzi na podstawie podanych informacji.**

1 .... is the time, please?   **5 past 10**

   ....

2 .... is your flight to London?   **plane / to leave / 10 am**

3 .... does it take you to fly from Warsaw to London?   **approx. two hours**

   ....

4 .... is the next train to Liverpool?   **8 o'clock**

   ....

5 .... day is it today?   **Monday**

   ....

6 .... is the date?   **5ᵗʰ June, 2000**

   ....

7 .... does the concert start?   **8 pm**

   ....

7. **Pani Brown chce telefonicznie zarezerwować pokój na czas swojego urlopu. Zadaj pytania na podstawie punktów podanych po lewej stronie. Po prawej stronie są odpowiedzi.**

Ms Brown: "Good morning. I would like to book a room at your hotel."

Hotel receptionist's questions:	*Ms Brown's answers:*
1 name #	Mary Brown
2 spelling	M A R Y B R O W N
3 age	60
4 nationality	British
5 date of arrival	1st May
6 exact time of arrival	6 pm
7 length of stay	1 week
8 date of departure	7th May
9 type of accommodation required	single room

1 *What is your name, please?* ....

8. **Teraz pani Brown zada kilka pytań recepcjonistce. Na podstawie odpowiedzi napisz te pytania.**

Ms Brown's questions:	*Receptionist's answers:*
1	150 rooms
2	100 rooms with private bathrooms
3	TV in all the rooms
4	10-minute walk to the beach
5	breakfast between 7 and 9 am
6	single room £30
7	single room with bathroom £40
8	dogs are welcome

28. Przymiotnik i przysłówek

1. *Kilka słów na koniec wizyty.* Uzupełnij zdania; zdecyduj, czy trzeba wstawić przymiotnik, czy przysłówek.

1 I am *terribly* sorry, but I must go now.   ~~terrible~~ – terribly

2 It's been a .... evening.   wonderful – wonderfully

3 The food was .... delicious.   absolute – absolutely

4 Your parties are .... the best.   simple – simply

5 I .... enjoyed myself.   real – really

6 .... I have to get up at 6 in the morning.   unfortunate – unfortunately

7 I mustn't be .... for work tomorrow.   late – lately

8 I must be off .... Thanks again. Bye.   immediate – immediately

2. Oto list czytelniczki do pewnej gazety, z prośbą o poradę. Wstaw końcówkę *-ly* tam, gdzie to konieczne.

Jane F. from Glasgow writes:

I'm twenty-four and my life is so stressful........ ①, I have literal........ ② pulled out my hair. I had to part with about half of the thick........ ③, gorgeous........ ④ mane that used to be my fantastic........ ⑤ trademark. In a few places you can actual........ ⑥ see my awful........ ⑦ scalp! My boyfriend already ⑧ looks at me sad........ ⑨. It is taking forever to grow back, so to speed up the process I've had a very trendy........ ⑩ haircut, used volume-enhanc-ing........ ⑪ shampoo, and I tried extreme........ ⑫ expensive........ ⑬ hair exten-sions. Nothing works. Do you know any quick........ ⑭ solutions? I'm des-perate........ ⑮. Please answer as soon........ ⑯ as possible.

3. Przetłumacz odpowiedź osoby udzielającej porad czytelnikom. Zwróć szczególną uwagę na podkreślone słowa; zdecyduj, czy trzeba użyć przymiotnika, czy przysłówka.

Droga Jane,

Włosy rosną <u>normalnie</u> 1 cm na miesiąc. Latem <u>możliwe</u> jest, że rosną trochę <u>szybciej</u>. Nie można przyspieszyć tego <u>naturalnego</u> procesu. <u>Niestety</u>, musisz być bardzo cierpliwa. Żeby ukryć fryzurę, noś jakąś <u>ładną</u> chustkę. A może spróbujesz założyć <u>modny</u> kapelusz? Spróbuj nie reagować <u>histerycznie</u> ani <u>nerwowo</u>. Idź do <u>dobrego</u> psychiatry.

Twoja Nelly

Dear Jane, ...

....

4. Opowiedz kolegom, jak podobał Ci się opisany w gazecie koncert. Uzupełnij zdania, przekształcając przymiotniki w przysłówki.

Outstanding performance by the London Symphony Orchestra hits London

The London Symphony Orchestra performed *outstandingly* .

Last night's concert ended as a big success. The violins were extraordinary yet again. James Levine, conductor of the century, was very good indeed. The audience was enthusiastic and frenetic. They enjoyed every minute of the concert.

The concert ended .... ①.

The violinists played .... ②.

James Levine conducted .... ③.

The audience applauded .... ④.

and .... ⑤.

5. „Rozmowa przy kasie biletowej". Uzupełnij zdania, wybierając odpowiednie wyrazy spośród niżej podanych.

straight far just fast ✔ near nearly hard hardly short
shortly late lately most mostly

● Excuse me, is there a _fast_ train to London?

▲ Yes, there is. But I'm afraid you .... ① missed it.

● Oh, dear. When is the next train?

▲ Let's see. It's .... ② 8 o'clock. There is one at 9.15 that takes you .... ③ to Charing Cross Station in London.

● I'm meeting a friend outside the National Portrait Gallery at 10 o'clock.

▲ Well, that's perfect. Charing Cross is very .... ④. You won't have to walk .... ⑤.

● Will the next train be on time?

▲ I can't promise, dear. It has been punctual .... ⑥. Last month, however, the 9.15 was constantly .... ⑦. .... ⑧ passengers complained. In fact, people .... ⑨ complain about trains. They .... ⑩ appreciate how .... ⑪ we railway people are working to get things right. .... ⑫ we will introduce a spectacular high-speed train. We're all looking forward to it. There is a poster on platform one. Go and have a look.

● I'm afraid, time is too .... ⑬, it's ten past nine. You've been very kind. Thanks for the information.

6. **Wstaw brakujące czasowniki. Zdecyduj, czy po danym czasowniku powinien wystąpić przymiotnik, czy przysłówek.**

> feel ✔ look sound taste smell

1 All the guests .....*felt*...... *sick* / ~~*sickly*~~. The doctor diagnosed that everybody at the party was suffering from food poisoning.

2 I might go and buy the new cookery book which was advertised on television. The recipes .... *wonderful* / *wonderfully*.

3 The flowers are lovely and they .... *gorgeous* / *gorgeously*.

4 Where did you get that dress? It .... absolutely *spectacular* / *spectacularly*.

5 What is this? Hot water? This coffee .... *awful* / *awfully*.

7. **Wpisz odpowiednią formę.**

1 Your writing is terrible. I can *hardly* read your letter.

You shouldn't go out with him. You .... ① know each other.

We've got .... ② any food left. I'll have to go shopping.

You've worked so .... ③. I'm sure you'll pass the exam.

| hard |
| hardly |

2 The author has .... ④ been nominated for the "Writer-of-the-Year" award; he really deserves the prize.

He has .... ⑤ finished his third novel.

I can't complain. He's always treated me .... ⑥.

She spoke so quietly I .... ⑦ could not hear what she said.

| just |
| justly |

3 The house you're looking for is .... ⑧ the station.

It is a beautiful building and .... ⑨ 200 years old.

I was so exhausted, I .... ⑩ collapsed.

| near |
| nearly |

4 Have you been to the theatre .... ⑪ ?

You'll be .... ⑫ for your flight if you don't hurry up.

| late |
| lately |

8. „Porady stylistki". Wpisz przymiotnik w stopniu wyższym.

1 Do you want to appear ...*taller*... than you are? That's easy.   tall

2 You should wear .... colours for tops.   bright

3 Buy shoes with .... heels.   high

4 Make sure you choose .... fabrics for skirts and trousers.   dark

9. Oto trzy milionerki. Uzupełnij tabelę na podstawie informacji podanych w następującym ćwiczeniu.

	☺ Jane	☺ Jill	☹ Julia	
income	....	$30 million	....	$130 m / $200 m
age	87 years	....	....	36 / 53 years
weight	80 kilos	....	....	79 / 98 kilos
size	....	5 ft 10	....	5 ft 4 / 6 ft 2
frame of mind	....	....	....	....

10. Teraz uzupełnij kolejne szczegóły dotyczące tych trzech osób.

1 Jill is the youngest and Jane is the ...*richest*... of the three women.

2 Julia is the ...*heaviest*... of the three ladies. But she is also the tallest.

3 Jill is quite happy, but .... is happier.

4 .... is not very happy. I wonder why?

5 .... earns more money than Jill, but less than ....

6 .... is not quite as heavy as .... But they nearly weigh the same.

7 .... is shorter than .... , but not as short as ....

8 .... weighs much more than .... and ....

9 .... and .... are taller than ....

11. Wstaw odpowiedni przymiotnik oraz jedną z form: ...*than* lub *as ... as.*

entertaining   expensive   informative   quiet   safe ✔

1 Going by plane is   *safer than*..........   going by car.
2 The desert is   ....   Piccadilly Circus.
3 Sipping champagne is   ....   drinking beer
4 Playing chess is   ....   reading a book.
5 Listening to the news is   ....   reading a daily newspaper.

12. Znajdź przeciwieństwo każdego z podanych przymiotników. Będą Ci one potrzebne w ćwiczeniu 13.

unknown   *popular*..........   sad   *f _ _ _ _*..........

interesting   *b _ _ _ _ _*..........   ugly   *p _ _ _ _ _*..........

boring   *e _ _ _ _ _ _ _*..........   ordinary *s _ _ _ _ _ _ _ _*..........

aggressive   *g e _ _ _ _*..........   bad   *g _ _ _*..........

13. Utwórz stopień najwyższy od przymiotników, które wpisałeś w ćwiczeniu 12., i uzupełnij zdania.

1 The Rolling Stones are one of the *most popular*...... rock bands.
2 Many people agree that cricket is one of the .... sports.
3 Football, however, is generally accepted to be one of the .... games.
4 A Labrador is known to be one of the .... dogs.
5 Charlie Chaplin will always be remembered as one of the .... actors.
6 Kate Moss is one of the .... models.
7 Michael Jordan is definitely one of the .... basketball players.
8 Champagne is one of the .... beverages.

14. Połącz pasujące części zdań.

The ...

	the bigger the taste.
1 The more I got to know him,	the more nervous she became.
2 The thicker the coat,	the more you want.
3 The more you have,	the more likely you are to succeed.
4 The older the wine,	the heavier our shopping bag.
5 The longer she had to wait,	the more I appreciated his good manners.
6 The more you buy,	the warmer it'll keep you in winter.
7 The more you try,	

... the ...

15. *"As ... as"*. Uzupełnij porównania.

1 as fast as	a ox
2 as easy as	b ABC
3 as heavy as	c rake
4 as thin as a	d gold
5 as good as	e mule
6 as stubborn as a	f lightening
7 as strong as an	g lead
8 as pretty as a	h picture

16. „Niezapomniana randka!" Połącz zdania za pomocą *Not only*.
 Uważaj na inwersję!

1 He had me waiting for half an hour. He didn't even bother apologizing to me when he finally arrived.

2 He was very rude to the waiter. He upset all other guests by being so noisy and telling them to shut up.

3 His main topic of conversation was, of course, himself. He accused me of not being able to listen to other people's problems.

4 He was eating noisily. He was talking with his mouth full.

5 He forgot his credit card. He had no cash with him.

6 I had to pay for the meal. He asked me if I could lend him some money.

7 He was drunk. He asked me if I could get him a taxi and pay for it.

8 This was the most embarrassing date I've ever had. It was also one of the costliest.

1 *Not only did he have me waiting for half an hour, he didn't even bother apologizing when he finally arrived.*

2 ....

3 ....

4 ....

5 ....

6 ....

7 ....

8 ....

29. Przyimki

1. Nazwy geograficzne. Wstaw przyimki.

on ✔   on   on   off   in   in   in   to

1 New York is ....*on*...... the east coast of the United States.

2 St. Louis is .... the river Mississippi.

3 Long Island is .... the coast of the United States.

4 Boulder is a city .... the Rocky Mountains.

5 Texas is .... the south of the United States.

6 Chicago is .... Lake Michigan.

7 Mount McKinley is .... Alaska.

8 Washington D.C. is .... the south of Philadelphia.

2. *In, at* oraz *on* mówią nam, gdzie się coś znajduje. Uzupełnij poniższy opis.

I live .... ① New York City. My apartment is .... ② Euston Street .... ③ Lower Manhattan. It is .... ④ the 5th floor, but there is a lift .... ⑤ the building. I work .... ⑥ an investment bank .... ⑦ Wall Street. When I'm .... ⑧ my office, I spend all day sitting .... ⑨ my desk. Sometimes I get up and put something .... ⑩ the shelf or .... ⑪ the cupboard, but not very often. .... ⑫ my way to work I buy a sandwich .... ⑬ the baker's. I take the entrance .... ⑭ the back of the company building. It's quicker than .... ⑮ the front entrance. .... ⑯ home I love sitting .... ⑰ my armchair reading the sports section .... ⑱ the newspaper. In summer I like sunbathing .... ⑲ Central Park and watching the hustle and bustle around me.

3. **Linda zostawia wiadomość na sekretarce automatycznej Pete'a. Uzupełnij zdania.**

```
British Airways
No. 705
MUC 11.45 am
MAN 1.20 pm
```

1 Hi, Pete, this is Linda. I've just booked our flight to Manchester.

Flight No. 705 leaves Munich *at*...... 11.45 .... the morning.

2 Try and be at the airport .... time. Don't turn up .... the last minute. I don't want us to miss the flight.

3 The plane arrives in Manchester .... 1.20 .... the afternoon.

4 If there are any questions, call me this evening. I'll be at home .... 10 o'clock. See you tomorrow.

4. **Wpisz odpowiednie przyimki.**

1 I'll see you early .... the evening.

2 Let me finish this chapter first. I'll be with you .... five minutes.

3 I'll talk to you .... two or three weeks then.

4 Let's meet .... Friday.

5 Shall we go and see the manager some time .... the afternoon?

6 I'm going away .... the end of January.

7 Most people work .... nine .... five.

8 The museum closes .... noon.

9 The official start of the theatre season is .... August.

10 The restaurant closes .... 11 o'clock .... night.

11 My brother's birthday is .... July. He was born .... 1970.

12 The meeting is .... the 5th September .... ten past eight .... the morning.

5. *Którędy dojdę do ...?* Wyjaśniasz, którędy trzeba iść. Znajdź zdania
o podobnym znaczeniu.

Turn right.
Take the second turning to the left.
Go down this road. ✔
You'll see the bank on your left.
When you get to the church, turn left.
Go straight down this road.
Turn right at the crossing.
Keep straight on.

1 Idź tą ulicą.

Go down this road.

2 Skręć w prawo.

3 Przy kościele skręć w lewo.

4 Skręć w prawo na skrzyżowaniu.

5 Skręć w drugą ulicę w lewo.

6 Bank jest po lewej stronie.

30. Liczebniki

1. Michał jest zagorzałym wielbicielem kina i zawsze ogląda filmy w oryginalnej, angielskiej, wersji językowej. Wszystkie jego ulubione filmy mają jakąś liczbę w tytule. Jak brzmią te tytuły?

1 Zmowa pierwszych żon
  "The First Wives' Club"

  Pierwszy rycerz
  "The .... Knight"

2 Drugi człowiek

  ....

3 Bliskie spotkania trzeciego stopnia
  "Close Encounters of the .... Kind"

  Trzeci człowiek
  ....

4 Urodzony czwartego lipca
  "Born on the........ of July"

5 Piąty element
  ....

6 Szósty zmysł
  "The .... Sense"

7 Siódmy krzyż
  ....

8 Ósma żona Sinobrodego*
  ....

9 Dziewiąte wrota
  "The .... Gate"

10 Trzynasty wojownik
  "The .... Warrior"

2. Jak nazywają się te działania matematyczne po angielsku?

> add up to ✔   to be divisable by   to divide by   to equal   to multiply by
> to multiply by   plus   minus

1 15 and 17 _add up to_ 32.

2 5 .... 5 equals 25.

3 40 .... 8.

4 28 .... 4 .... 7.

5 63 .... 13 equals 50.

6 8 .... 9 equals 72.

7 52 .... 7 equals 45.

8 52 .... 7 equals 59.

* Bluebeard

3. *Umawiamy się na spotkanie – rozmowa Petera i Paula*. **Przetłumacz rozmowę, w której, oczywiście, pojawia się wiele liczebników.**

● *Peter* ▲ *Paul*

● Może 14 lutego o godzinie 13?

▲ Nie mogę, przykro mi. Mój samolot ląduje dopiero o 12 w południe, a droga z lotniska do miasta zajmuje około godziny i czterdziestu minut. Ale może moglibyśmy spotkać się w kawiarni późnym popołudniem?

● Mam spotkanie o piątej piętnaście po południu.

▲ Nie możesz go przełożyć?

● Niestety, nie. To jest spotkanie z jednym z naszych najważniejszych klientów. Kupuje towar o wartości 1,57 miliarda dolarów. To jest dwie trzecie naszego rocznego obrotu.

▲ Moglibyśmy się spotkać 1 maja i pograć w tenisa.

● To niemożliwe. Mój szef ma urodziny. Kończy 60 lat. Jednocześnie obchodzimy trzydziestolecie istnienia firmy.

▲ Może miałbym czas za dwa tygodnie. Co powiesz na kolację? W środę, trzeciego lutego?

● Ten dzień mi pasuje. Jest nowa restauracja na Neal Street 15. Dziesięć minut stąd na piechotę. Dochodzisz do skrzyżowania, później skręcasz w czwartą przecznicę w lewo. To stary dom z 1899 roku. Kawiarnia jest na trzecim piętrze. Nazywa się TIME OUT.

4. **W tym ćwiczeniu znów mamy dużo liczb. Wybierz odpowiednie wyrażenia i uzupełnij zdania.**

> seventh heaven   first come, first served   number one ✔   two and two
> two-faced   sixes and sevens   seven-year-itch   one in a million
> six of one and half a dozen of the other   sixth sense   first

1 Your friend puts himself first before everyone else. He is completely selfish.

He takes care of .....*number one*......

2 Ever since they fell in love <u>they've been in</u>............................. They're extremely
happy.

3 I can <u>put</u>........................ <u>together</u>. There is enough evidence that you've
eaten all the crisps, for instance, the empty bags are still in your garbage
bin.

4 You <u>are</u> .... You are such a valuable and unusual person. You're
very special, indeed.

5 He is <u>such a</u>................... <u>person</u>. He's insincere and quite an opportunist.
He criticizes his colleagues behind their backs. When they're around, however, he's awfully nice to them.

6 In 1914 some people who had booked the Atlantic voyage on the Titanic
decided not to embark on the ship. They must have had ....
They somehow knew the ship was never to return from its maiden voyage.

7 I'm totally confused and can't make up my mind. I'm <u>at</u>...................................
this week.

8 I'm sorry I can't go to the cinema today. I have to study for my exam next
week. My exam <u>comes</u> ....

9 ● Shall we go to your place or mine?
▲ I don't know, <u>it's</u>.......................... . It really makes no difference to me.

10 My brother has the .... He is feeling dissatisfied with his marriage. After seven years, he is thinking of starting a relationship with
another woman.

11 What a shame! I arrived only five minutes later than I had planned, and all
the tickets for the concert had been distributed. They would have been free
tickets and were given away <u>on a</u> .... <u>basis</u>.

5. **Przyporządkuj definicje do odpowiednich wyrażeń.**

A

1 first aid   a of the highest quality

2 first-class   b ~ information is information gained directly from its source

3 first-hand   c medical treatment given to an injured person

B

1 two-piece   a if something, e.g. a remark, can be interpreted in two ways

2 two-faced   b a ~ suit: a jacket and trousers, but no waistcoat

3 two-edged   c insincere and hypocritical

C

1 three-dimensional   a reading, (w)riting, (a)rithmetic

2 three quarters   b having length, breadth and depth

3 the three R's   c three parts out of four

D

1 four-wheel   a a group of four people

2 on all fours   b the car has a ~ drive: all wheels are connected to the source of power

3 foursome   c on hands and knees

E

1 sixth form   a the number of students increased ~, in other words, we now have six times as many students as last year

2 sixfold   b package containing six units, e.g. six cans of beer

3 sixpack   c the most senior class in a secondary school for pupils over sixteen

Klucz do ćwiczeń

1. **Czasy teraźniejsze:** *Present Simple* i *Present Continuous (Present Progressive)*

1
Końcówka -es: rushes, fetches, mixes, relaxes
Końcówka -ies: relies, carries, marries, copies
Końcówka -s: shows, buys, lies, says, grows

2
1 – b; 2 – a; 3 – a; 4 – d; 5 – b; 6 – a; 7 – b; 8 – d; 9 – c

3
1 – c; 2 –b; 3 – d; 4 – b; 5 – a; 6 – e; 7 – b; 8 – b; 9 – e

4
1 is playing; 2 is playing; 3 play; 4 is raining; 5 rains; 6 is staying; 7 stays; 8 isn't working; 9 doesn't work; 10 am writing; 11 write; 12 is baking (*lub:* bakes); 13 bake; 14 bakes; 15 bakes

5
1 are always leaving (*lub:* always leave); 2 is always complaining (*lub:* always complains), is now playing, usually plays; 3 is always going away (*lub:* always goes away), regularly goes away; 4 are always having, always serves

6
1 is; 2 practises; 3 doesn't (*lub:* does not) play. 4 is; 5 is making; 6 doesn't (*lub:* does not) matter; 7 are; 8 is shining; 9 is; 10 goes; 11 digs; 12 is getting; 13 is snoring; 14 snores; 15 am warning (*lub:* warn); 16 is; 17 talks; 18 is; 19 is walking; 20 are; 21 are dancing; 22 call; 23 love; 24 are; 25 are joking; 26 are not telling; 27 tell; 28 is knocking; 29 wonder

2. **Czasy przeszłe:** prosty *(Past Simple)* i ciągły *(Past Continuous)*

1
Końcówka -ed: walked, played, suffered, pulled, listened, watched,
Podwojenie ostatniej spółgłoski i końcówka -ed: travelled, plugged, labelled, preferred, benefitted

-y > -ied: married, tried, hurried, replied

2

1 married, lived, encountered; 2 preferred; 3 suffered, moved, disappeared;
4 scrubbed; 5 poured, unplugged; 6 used

3

1 walked; 2 met, married; 3 lost; 4 collected; 5 panicked; 6 tipped;
7 tried, missed

4

I halved a melon and removed the seeds. Then I made melon balls with a
scoop and chilled them. I peeled a grapefruit with a sharp knife. I cut the fruit
into segments. I sprinkled the grapefruit segments with sugar. I allowed them
to stand at room temperature for 30 minutes. I grated enough rind from two
lemons to give 2 tablespoons. I squeezed the juice of 2 lemons. I added the
grapefruit and melon balls, then puréed everything in a blender. I added enough
water to give half a litre of liquid. I stirred well. I tasted and added sugar. I
served the cocktail in frosted glasses. I sprinkled the glasses with lemon grind.
I garnished the cocktail with green mint leaves and a slice of lemon.

5

1 While I was clearing the breakfast table my husband left for work. 2 While I
was doing the ironing I was watching television. 3 While I was taking the dog
out for a walk I was thinking about a nice birthday present for my mother-in-
law. 4 I remembered that I had to pick up clothes at the dry cleaner's while I
was putting the dirty clothes into the washing machine. 5 While I was making
the beds I was listening to the radio. 6 While I was working in the garden the
postman rang the doorbell. 7 While I was cleaning the windows it started raining. 8 While I was hoovering the flat I realized it was time to think about dinner.
9 While I was looking through my cookery book I discovered a nice recipe for
fish and chips. 10 While I was peeling the potatoes and cutting them into sec-
tions my mother dropped in for a cup of tea. 11 While I was laying the table my
husband came home from work. 12 While I was opening a bottle of wine he
was sitting at the table and looked forward to his dinner.

7

1 didn't call; 2 fell asleep; 3 was; 4 wore; 5 wore; 6 prepared; 7 cleaned; 8 left;
9 had; 10 drove; 11 took; 12 had; 13 felt; 14 woke me up; 15 returned; 16 went;
17 talked; 18 spent; 19 looked

8
say, says, saying, said
choose, chooses, choosing, chose
try, tries, trying, tried
do, does, doing, did
have, has, having, had
eat, eats, eating, ate
hope, hopes, hoping, hoped

supply, supplies, supplying, supplied
begin, begins, beginning, began
develop, develops, developing, developed
agree, agrees, agreeing, agreed
argue, argues, arguing, argued

3. Czasy *Past Simple* i *Present Perfect*

1
1 bought; 2 paid; 3 spent; 4 heard; 5 read; 6 had; 7 made; 8 fed; 9 travelled

2
1 been; 2 chosen; 3 robbed; 4 hidden; 5 eaten; 6 drunk; 7 seen

3
1 because I have been watching television all night. 2 because I have been spending too much time sitting at the computer. 3 because I have been eating too many garlic and onion canapes. 4 because I haven't been getting enough sleep. 5 because I have been doing too many stretching exercises. 6 because I have been eating too many chocolates. 7 because I have been smoking too many cigarettes. 8 because I have been drinking too much. 9 because I have been walking around in high heels all day. 10 because I have been sunbathing all day. 11 because I have been walking in the rain. 12 because I have been carrying heavy shopping bags.

4
1 have lived; 2 lived; 3 moved; 4 have been able to; 5 have attended; 6 hasn't smoked; 7 saw; 8 has seen; 9 went; 10 have been; 11 have been; 12 hasn't turned up

5
1 had, has recovered; 2 stayed, have made; 3 have lost, haven't found;
4 haven't seen; 5 haven't you (*lub:* have you not) come; 6 have ... finished;
7 Have... been, visited

6
1 have lived; 2 have lived; 3 is; 4 was; 5 is; 6 isn't working; 7 have you been;
8 have been; 9 began; 10 have you changed; 11 have had; 12 left

7

1 have been asking; 2 have been arguing; 3 haven't been listening; 4 have been trying; 5 have been neglecting

4. Czas *Past Perfect*

1

1 had been trying; 2 had been searching, had been wearing; 3 had been raining, had forgotten; 4 had arranged, was waiting, wasn't turning up; 5 was shopping, had forgotten; 6 was enjoying, have forgotten, hadn't forgotten; 7 was walking, had parked

2

1 By the time the other guests arrived he had eaten most of the party sandwiches. 2 He was sick because he had eaten too much. 3 His girlfriend was very angry and decided to ignore him all evening because he had forgotten to dance with her. 4 A horrible stain appeared on the white table cloth when he had spilt some red wine. 5 He couldn't go home by car and had to walk home because he had drunk too much at the party. 6 Nobody wanted to drive him home because he had annoyed so many people at the party. 7 He got soaking wet because he had forgotten to put on his coat and it was raining. 8 By the time he remembered that he carried a raincoat in his rucksack he had caught a cold. 9 He had walked ten miles in the pouring rain before a car stopped and offered him a ride. 10 By the time he arrived home the rain had stopped. 11 He couldn't open the door to his flat because he had lost his keys. 12 All of a sudden he remembered the spare key under the doormat when he had rung his neighbour's door bell. 13 He only suffered from a slight hangover the next morning because his friendly neighbour had made him a pot of coffee.

5. Formy czasu przyszłego

1

1 are going to, will; 2 are going to, will; 3 will; 4 are going to; 5 is going to; 6 will; 7 will (*lub:* is going to); 8 is going to, will (*lub:* is going to); 9 will, will; 10 is going to (*lub:* will), is going to (*lub:* will), will (*lub:* is going to), will (*lub:* is going to)

2

1 are having; 2 are having; 3 are playing; 4 are attending; 5 are giving; 6 are meeting; 7 are appearing; 8 are leaving; 9 are giving; 10 are arriving

3
1 are taking, closes, takes; 2 are going, starts; 3 are visiting, arrives;
4 is starting, starts, ends; 5 am ... staying, leaves; 6 are having, is; 7 am going,
have; 8 are buying, cost, are

4
1 Will you go out; 2 will be going; 3 will get on (*lub:* will be getting on);
4 will you recognise; 5 will have (*lub:* will be having); 6 will he know; 7 will be
wearing; 8 will he pick; 9 will be meeting; 10 will you be doing; 11 will be
having; 12 will go; 13 will enjoy; 14 will be; 15 will have (*lub:* be having)

5
1 Will you open the window, please? 2 Will you close the window, please?
3 Will you get us some tea or coffee, please? 4 Will you speak up, please?
5 Will you ring for a taxi, please? 6 Will you excuse me, please? 7 Will you
pass on a message, please? 8 Will you remind me to phone the baker's, please?
9 Will you sign the letter, please? 10 Will you send off the invitations, please?

6
1 will have had; 2 will have worked; 3 will have reached; 4 will have been;
5 will have started; 6 will have faded away; 7 will have gone; 8 will have tried;
9 will have gone; 10 will have decided; 11 will have become

6. Strona bierna

1
1 is served; 2 are boiled; 3 are prepared; 4 are fried; 5 is served; 6 is served

2
1 Our perfume is sold in <u>flasks</u>. 2 Whisky is stored in <u>barrels</u>. 3 Whisky is
bought in <u>bottles</u>. 4 Milk is filled in <u>cartons or bottles</u>. 5 Marmalade can be
bought in <u>jars</u>. 6 Crisps are packed in <u>bags</u>. 7 Bottled beer is delivered in
<u>crates</u>. 8 Our catfood is delivered in <u>tins</u>. 9 Chewing gum is sold in <u>packets</u>.
10 Ice cream is offered in <u>tubs</u>. 11 Margarine is bought in a <u>tub</u>.

3

1 they; 2 it; 3 they; 4 it; 5 it; 6 they; 7 it; 8 it; 9 it; 10 they; 11 it

4

1 <u>They</u> are jotted down by the writer. 2 <u>It</u> is written by him. 3 <u>They</u> are fleshed out by him. 4 <u>It</u> is finished by him. 5 <u>It</u> is sent to the editor of his local newspaper. 6 <u>They</u> are printed in the weekend edition by the editor. 7 <u>It</u> is offered to a publisher by the author. 8 If he likes it, it will be published as a hardcover book. 9 Later, it is offered by the bookshops. 10 <u>They</u> are sold by the shops in the first year. 11 <u>It</u> is translated into many languages by leading literary translators.

5

1 It is believed that the novel will be reviewed by critics. 2 It is known that the property will be bought by a Hollywood film producer. 3 It is reported that the author will be asked by the producer to turn the novel into a film script. 4 It is understood that the film based on the novel will be released by a distributor. 5 It is alleged that the film will be loved by cinemagoers all over the world. 6 It is said that the Nobel prize for literature will be awarded to the author by the jury. 7 It is understood that the Oscar in the category Best Film Production of the Year will be won by the Hollywood film producer.

6

1 The opera "Porgy and Bess" was composed by George Gershwin. 2 Many famous churches and other buildings in London were designed by Sir Christopher Wren. 3 England was conquered by William the Conquerer. 4 The miniskirt was created by Mary Quant. 5 The part of Scarlett O'Hara in "Gone with the Wind" was played by Vivian Leigh. 6 The films "Lawrence of Arabia" and "Doctor Zhivago" were directed by David Lean. 7 The play "King Lear" was written by Shakespeare. 8 Australia and New Zealand were discovered by James Cook. 9 The steam engine was invented by James Watt. 10 The phrase "Ich bin ein Berliner" was coined by John F. Kennedy.

7

1 He is said to have been a spy for the KGB. 2 to have had a nervous breakdown. 3 to regularly use the personal services of Madame Fifi. 4 to have left him. 5 to live with a male model twenty years younger than herself. 6 to have been facelifted ten times over the past two years. 7 to spend a fortune on clothes. 8 is thought to allow her to marry him because she is rolling in money. 9 is known to have had an affair with Lord Sinclair's younger daughter and to have dropped her when the other woman came along. 10 is reported to have given a live interview on television talking about all the details of their love life. 11 is said to be not capable of keeping anything to herself.

7. *Gerund* a bezokolicznik

1
1 Missing; 2 Being; 3 Falling; 4 Making; 5 Keeping; 6 Having; 7 Educating;
8 Dancing; 9 Drowning; 10 Looking; 11 Killing; 12 Knocking (*lub:* Knockin')

2
1 going to the cinema regularly. 2 reading the Financial Times every day. 3 on supporting the World Wildlife Fund and similar organisations. 4 going to Old Trafford to see my favourite team playing. 5 of moving to the United States. 6 trying tap dancing myself. 7 of reading novels and short stories. 8 in knowing more about other painting techniques. 9 on learning languages. 10 to organising my next trip around the world. 11 doing nothing or lying in bed and watching old Hollywood movies on television. 12 hanging around in cafés and meeting friends.

3
1 to spend; 2 to improve, to improve; 3 to be getting; 4 to develop; 5 to be; 6 to adopt; 7 to come up; 8 getting; 9 reducing; 10 dismissing, to go, to be able

4
1 used to believe, thinks, having; 2 used to be, is; 3 used to live, is; 4 used to eat, is; 5 used to love, suits; 6 used to hate, drives; 7 used to prefer, enjoys; 8 used to call, is, thinks

8. Imiesłów

1
1 Having been woken up by the sound of the alarm clock I get up. 2 Having taken a shower I get dressed. 3 Having breakfast I watch breakfast TV. 4 Driving to work I listen to the news on the radio. 5 Having worked from 9 to 5 I go home. 6 Having eaten something I go to the local pub. 7 Drinking 2 pints of beer I talk to colleagues and friends. 8 Having come home I set the alarm clock. 9 Thinking about what happened during the day I fall asleep.

2
1 Being such a narcissist; 2 Being such a scaremonger. 3 Being such a coward; 4 Being such a bore; 5 Being such a pessimist;
6 Being such a gossip; 7 Being such a fusspot; 8 Being such a yes-man

3

1 come, leaving; 2 crawling; 3 touch; 4 howling; 5 lock; 6 climbing; 7 whisper; 8 burning; 9 swearing

9. Zdania z *if*

1

1 if; 2 when, If; 3 If, When, if; 4 If; 5 If; 6 When, if; 7 if, when; 8 if If, When, when

2

1 If I didn't have to work, I would come to your party. 2 If it wasn't looking like it's going to rain any minute, we could go for a walk. 3 If I didn't have this terrible headache, I could go out with you. 4 If I weren't always so busy, I would visit you more often. 5 If I hadn't arranged to meet my parents, I could have lunch with you today. 6 If you weren't always talking with your mouth full, I would have dinner with you. 7 If I didn't have visitors this weekend, I could babysit for you. 8 If my place wasn't in a complete mess, I would ask you to come upstairs for a drink. 9 If I hadn't promised my girlfriend to go shopping with her, I could help you with your packing. I0 If we were more alike and had more in common, I would marry you.

3

Yes:

1If you like the combination of teamsports, bodychecks and ice-skating, ice-hockey is the type of sport I would recommend. 2 If you admire people like Boris Becker and Andre Agassi, tennis seems to be your kind of sport. 3 If altitude sickness is a problem for you, you shouldn't try paragliding or parachuting or hang gliding. 4 If you are very tall, playing basketball or doing the highjump would be a good idea. 5 If you like horses, you should go in for horse racing or other equestrian sports. 6 If you have good stamina and like long-distance running, I recommend marathon running. 7 If you like fast cars and are obsessed with speed, motor racing is your cup of tea. 8 If you prefer team sports and games that go on for hours if not for days, I recommend cricket. 9 If you like rough sports, you should join a rugby club or play American football.

No:

1If you don't like the combination of teamsports, bodychecks and ice-skating, ice-hockey isn't the type of sport I would recommend. 2 If you don't admire people like Boris Becker and Andre Agassi, tennis doesn't seem to be your kind of sport. 3 If altitude sickness isn't a (*lub:* is no) problem for you, you should try paragliding or parachuting, or even hang-gliding maybe. 4 If you aren't very tall, playing basketball or doing the highjump wouldn't be a good idea. 5 If you don't like horses, you shouldn't go in for horse racing or other equestrian sports. 6 If you don't have good stamina and like long-distance running, I don't recommend marathon running. 7 If you don't like fast cars and aren't obsessed with speed, motor racing isn't your cup of tea. 8 If you don't prefer team sports and games that go on for hours if not for days, I don't recommend cricket. 9 If you don't like rough sports, you shouldn't join a rugby club or play American football.

4
1 If I hadn't watched, would have had; 2 If they hadn't shown, wouldn't have spent; 3 If I had had, would have studied; 4 If I had worked, would have covered; 5 If I had learned (*lub:* learnt), would have been; 6 If I hadn't had, would have slept; 7 If I had been able, wouldn't have made; 8 If I hadn't followed, wouldn't have failed; 9 If I hadn't watched, wouldn't have written

10. Czasowniki pomocnicze

1
1 Joe is said to drink three bottles of whisky every day. 2 He is said to eat ten hard-boiled eggs for breakfast. 3 He is said to sleep on a bed of nails. 4 Such torture is meant to gradually kill off all feelings of pain. 5 He is supposed to have robbed fifty banks when he was younger. 6 The bank robberies were meant to show the whole world that rules and regulations were not for him and that he is in a class of his own. 7 He is said to have 30 children. 8 This was meant to prove that he was a real womanizer. 9 He is said to have killed a lion with his bare hands. 10 Joe's father Jim is said to have been a hunter in Africa and a famous bullfighter in Spain. 11 Jim was to be an ardent admirer of Ernest Hemingway. 12 And later Jim was to be the hero of many little boys – including his own son. 13 A film producer is supposed to do a documentary about Joe's many adventures. 14 Joe is said to publish some of his poems next year. This is intended to show that he's got brains not just brawn. 15 Joe intends to write his memoirs. 16 He is supposed to do a promotional tour to sell the book. 17 This was supposed to be the start of his second career as a writer.

2
1 – F; 2 – E; 3 – E; 4 – E; 5 – F; 6 – E; 7 – F

3

1 Would you ask your mother whether you may lend me some money? 2 May my brother borrow your car? 3 May I use your pocket calculator? 4 I may play the piano between 3 and 6 o'clock in the afternoon.

4

1 mustn't, must, is not allowed, are not allowed; 2 can, are not allowed; 3 must, mustn't; 4 are not allowed, must, is not allowed; 5 are allowed, mustn't, must; 6 mustn't; 7 can; 8 mustn't, is not allowed

5

1 I should have worked harder. 2 I should have attended classes more regularly. 3 I shouldn't have missed so many lessons. 4 I should have done my homework every day. 5 I should have gone out less. 6 I should have listened to my professor's lectures more carefully. 7 I shouldn't have overslept so often. 8 I shouldn't have always been late for classes. 9 I should have spent the weekends studying rather than partying. 10 I should have tried to avoid last year's mistakes. 11 I should have convinced myself that school isn't so bad after all.

6

1 mustn't, must (*lub:* have to); 2 mustn't, needn't; 3 mustn't; 4 mustn't; 5 mustn't, needn't

11. Mowa zależna

1

Patricia told me that
1 she had wonderful news. 2 the day before (*lub:* the previous day) she had had a pregnancy test done. 3 she was three months pregnant. 4 the baby will be due in March next year. 5 she should have known herself because every morning she had woken up feeling ill. 6 she had felt sick in the mornings during the first couple of days of her pregnancy. 7 she had given up smoking when she found out. 8 she had been reading many books about how to be a good mother. 9 they were going away for a few days because she needed a rest. 10 eventually she was going to give up work. 11 I could come and baby-sit for her if I liked.

2

Jill said that
1 John had asked her to marry him <u>two months before</u>. 2 she had been in love with him for many years. 3 she had said yes. 4 they were getting married on 5ᵗʰ June. 5 that (day) would be the happiest day of her life. 7 they would spend their honeymoon on the Bahamas.
She asked me if
6 I would be able to come to their wedding.

3

<u>poziomo</u>: state, admit, reply, explain, add, answer
<u>pionowo</u>: say, tell, explain, remark

5

1 what her (*lub:* their) holiday had been (*lub:* was) like, it had been (*lub:* was) marvellous and that they had had (*lub:* had) a great time.
2 where she (*lub:* they) had gone (*lub:* went), they had gone (*lub:* went) to the Greek island of Rhodes. 3 who she had gone (*lub:* went) with, she had gone (*lub:* went) with her husband. 4 where exactly they had stayed (*lub:* stayed), they had stayed (*lub:* stayed) at a small hotel. 5 what the weather had been (*lub:* was) like, the weather (*lub:* it) had been (*lub:* was) great and that they had had (*lub:* had) sunshine every day. 6 how they had spent (*lub:* spent) their time, they had gone (*lub:* went) for walks in the evening and had done (*lub:* did) a lot of sunbathing.

6

1 whether (*lub:* if) we are free next Saturday. 2 whether (*lub:* if) 7 pm is too early. 3 whether (*lub:* if) we would like to have dinner at their place. 4 whether (*lub:* if) we are interested in last year's photographs, too. 5 whether (*lub:* if) we'll come by car or whether (*lub:* if) we'll take the underground. 6 whether (*lub:* if) we want her to draw a map to show us how to get to their house. 7 whether (*lub:* if) we'll bring our (*lub:* the) kids.

7

1 they were not only serving drinks, but also food? (*lub:* they were serving drinks and food? *lub:* they were serving also food?) 2 it wasn't a fancy dress party and that nobody was wearing fancy clothes. 3 there would be live music. 4 nobody was giving (any) presents to the hosts.

8

1 that we might have to wait five or ten minutes at the entrance. 2 to queue at the end of the line. 3 not to jump the queue. 4 not to take bags or umbrellas into the museum. 5 that we needn't (*lub:* didn't need to, didn't have to) worry about our belongings – their cloakroom was never unattended. 6 not to leave (*lub:* that we weren't allowed to leave) the marked path. 7 that we could take photographs provided we didn't use a flash. 8 that we had to follow the directions of their personnel.

12. Tryb rozkazujący

1

1 Study more. 2 Work harder. 3 Don't miss so many lessons. 4 Do your homework every day. 5 Go out less. 6 Sleep in less often. 7 Don't be late for classes. 8 Try to avoid last year's mistakes.

2

1 Spend; 2 Stay; 3 Don't chat; 4 Don't spend; 5 Get out; 6 Change

13. *Phrasal Verbs*

1

1 – d; 2 – c; 3 – e; 4 – a; 5 – b

2

1 look for; 2 looking after; 3 look up; 4 looking forward; 5 looking for; 6 looked up; 7 look after

3

turn on/off: light, television, water, heating, cooker
switch on/off: light, television, cooker
put on/off: light, television
turn up/down: heating, volume

4

1 I'm afraid I can't put up with this noise any more. 2 Our friends offered to put you up. 3 We've been putting off the decision whether to buy a new car or book a trip around the world. 4 Why don't you put on your new dress? 5 Pick up all your toys and put them away in the toy box.

5
1 get on with; 2 getting out of; 3 get off. 4 get up; 5 get away. 6 Get on

14. Tryb warunkowy

1
1 – c; 2 – d; 3 – e; 4 – b; 5 – a

2
1 God bless them; 2 come what may; 3 be that as it may; 4 be it right or wrong; 5 If need be

15. Pytanie i przeczenie

1
1 Who are you looking for? 2 What are you looking for? 3 Who was she playing with? 4 Where does he come from? 5 Which part of town does he live in? 6 What are you laughing at? 7 What is this coat made of? 8 What were you talking about?

2
1 is not / isn't; 2 has not / hasn't; 3 does not do / doesn't do; 4 cannot / can't; 5 does not learn / doesn't learn; 6 does not seem / doesn't seem; 7 does not speak / doesn't speak; 8 is not / isn't; 9 will not / won't

3
1 Do you think it's going to snow? 2 Was it raining last night? 3 Did it snow three years ago on 1st November? (*lub:* Didn't it snow three years ago on 1st November?) 4 Did the weather turn dull a few days ago? (*lub:* When did the weather turn dull?) 5 Do you think it's going to stop raining? (*lub:* Is it going to stop raining? Isn't it going to stop raining?)

4
1 is it; 2 does she; 3 are you; 4 didn't we; 5 isn't there; 6 wouldn't you; 7 would you; 8 don't you; 9 shall we

16. Rodzajnik nieokreślony

1

1 a, a; 2 an, a; 3 a, a, a; 4 a, a; 5 a, an; 6 a, an; 7 an, a

2

1 a, /; 2 a; 3 /; 4 /; 5 /; 6 /; 7 an, /; 8 a

3

What a beautiful morning! What terrible weather! What rotten luck!
What a fantastic view! What a fool I've been! What a good idea!
What beautiful scenery! What a genius he is! What luck! What a man!

4

1 What luck! 2 What rotten luck! 3 What a beautiful morning! 4 What a fantastic view! 5 What terrible weather! 6 What a fool I've been! 7 What a genius he is! 8 What a man! 9 What beautiful scenery! 10 What a good idea!

17. Rodzajnik określony

1

1 – b; 2 – e; 3 – g; 4 – a; 5 – d; 6 – i; 7 – c; 8 – f

2

1 church; 2 the hospital; 3 the hospital; 4 school, work; 5 hospital; 6 the church; 7 prison; 8 bed; 9 university; 10 the school

3

Poziomo: drums, violin, trumpet, composer, clarinet
Pionowo: piano, guitar, bandleader, saxophone

4

1 the guitar; 2 guitar, guitar; 3 the trumpet; 4 the piano; 5 the clarinet; 6 the saxophone; 7 the violin; 8 the drums; 9 the, bandleaders; 10 The composer, the

5

1 the, an, the; 2 the, the, the, the, /; 3 the; 4 the, the, the, a; 5 the, a, the, the, /, a; 6 the, the

6

1 /; 2 the, the; 3 the; 4 /; 5 /, the; 6 the; 7 the, /

18. Rzeczownik – liczba mnoga

1
1 strength; 2 patience; 3 advantage; 4 mystery; 5 pride; 6 sarcasm; 7 true;
8 generous; 9 energetic; 10 ambitious; 11 long
rozwiązanie: sentimental
rozwiązanie: sentiment

2
-s: computers, cars, bicycles, reports, disks, desks, telephones, papers, toys,
meetings, colleagues, breaks, offices, chairs, cupboards, pencils, plays
-es: bosses, buses, faxes, passes
y > ies: companies, hobbies, mysteries

3
1 newspapers; 2 kilos; 3 wives; 4 loaves, halves; 5 hobbies; 6 scarfs (*lub:*
scarves); 7 photos; 8 potatoes; 9 mangos (*lub:* mangoes), avocados (*lub:*
avocadoes)

19. Rzeczownik – dopełniacz

1
Osoby: 1, 7; Zwierzęta: 2, 8; Miejsca, kraje: 9; Określenia czasu: 4, 5;
Przedmioty: 3, 10; Pojęcia abstrakcyjne: 6

2
1 the Queen's visit to Berlin; 2 the protection of the environment; 3 this year's
crop; 4 my aunt's birthday. 5 the progress of science; 6 the result of the football match; 7 everybody's darling; 8 the children's toys; 9 my dog's name

3
Poziomo: dentist, chemist, confectioner, greengrocer
Pionowo: butcher, stationer, baker

4
1 stationer's; 2 butcher's; 3 baker's; 4 dentist's; 5 greengrocer's; 6 chemist's;
7 confectioner's

5
Newton's discovery: A
The discovery of Newton : B

6
1 friends'; 2 boss' (*lub:* boss's); 3 bosses'; 4 cats'. 5 Mr and Mrs Jones'
(*lub:* Mr and Mrs Jones's); 6 kids'; 7 airlines'; 8 Mr Evans' (*lub:* Mr Evans's);
9 Millers'; 10 parents'

7
1 son; 2 's, father of his; 3 's, 's, husband, 's, cousin, of mine;
4 brother, 's, of mine, 's, 's, sister-in-law, in-laws, 's

8
1 Scotland's whiskies, The beauty of the hills and lakes; 2 this week's TV
guide; 3 a hard day's work; 4 a week's holiday. 5 the quality of our products,
This year's sales figures; 6 Britain's youngest Prime Minister, The number of
votes

20. Rzeczownik – wielka i mała litera

1
1 – f. 2 – d; 3 – h; 4 – a; 5 – g; 6 – i; 7 – b; 8 – c; 9 – e

2
1 Halloween; 2 Thanksgiving Day, Thanksgiving Day; 3 Boxing Day; 4 Independence Day; 5 Valentine's Day; 6 New Year's Day; 7 New Year's Eve; 8 April
Fool's Day. 9 Christmas Day

3
1 United Nations Organisation, New York City, organisations, nations;
2 Federal Bureau of Investigation, institution, investigation, state; 3 United
States of America, Constitution, states; 4 Wall Street, United States, street,
Lower Manhattan, 5 Rocky Mountains, mountain; 6 times, financial, Financial
Times, financial; 7 Bank of England, bank, central, bank, United Kingdom;
8 Scottish Whisky Convention, Scottish, whisky, distilleries; 9 British Prime
Minister, Downing Street, London, London, Tower, London, tower, Middle
Ages, age, centre, city

21. Zaimki osobowe

1
1 I bought it for him. 2 We sold it to them. 3 Could he fetch them for me, please? 4 Get it for her, will you? 5 The shop sells them to you, doesn't it? 6 Could you pass it to him? 7 I gave them to her. 8 Have they received them?

2
1 Take it off! 2 Hang them up on the coat racket over there! 3 Put it off until tomorrow! 4 Don't throw them away! 5 Try them on!

22. Zaimki dzierżawcze

1
1 their, theirs; 2 their; 3 your, yours, his; 4 theirs, its; 5 our, ours; 6 hers, her; 7 their

2
1 yours; 2 yours, hers; 3 mine, theirs; 4 his, mine

23. Zaimki zwrotne

1
1 treat yourself; 2 look after ourselves; 3 defend yourself; 4 pay for myself; 5 cut yourself, burn yourself; 6 enjoy yourselves, control yourselves; 7 behave themselves; 8 make a fool of ourselves; 9 Blame yourself; 10 make themselves

24. Zaimki wskazujące

1
1 – 2; 2 – 1; 3 – 7; 4 – 5; 5 – 6; 6 – 3; 7 – 4

2
1 this; 2 those; 3 That; 4 Those; 5 This, those; 6 That

25. Zaimki względne i *Relative Clauses*

1

1 – 1; 2 – 3; 3 – 2; 4 – 2; 5 – 3; 6 – 1 ; 7 – 2

2

A–1; B–2

3

1 A model, who, which; 2 A catwalk, where; 3 A fashion designer who; 4 France, where, which; 5 A fashion show, which; 6 A collection, which; 7 Ready-to-wear fashion, which; 8 Fashion week, when

4

1 which shocked the entire neighbourhood. 2 which I find very annoying. 3 which was very rude of him. 4 which was most unfair. 5 which everyone thought was such a pity.

5

1 A UN environmental group warned that eating fish which is caught in polluted rivers and lakes poses a health hazard. 2 Greenpeace, which is an organization for the protection of the environment, called on all governments to issue warnings to consumers. 3 We grieve the death of a child who was killed by a pit bull terrier. 4 60 million land mines, which kill up to 10 people every day, are still scattered around the world. 5 A huge oil spill, which killed thousands of fish and birds, blackened 60 kilometres of coastline in Brazil. 6 Brazil's oil spill, which was the worst (spill) in 25 years, was caused when 4 million litres of oil escaped from a burst pipeline.

6

1 A plane crashed into a residential neighbourhood near Bombay, which led to the killing of 60 people on board and 6 others on the ground. 2 An investigation, which will determine the cause of the accident, is still underway. 3 The crash has raised questions about the safety procedures for India's planes, which sometimes are called coffins in the air because of their bad record. 4 In 1986 Swedish technicians recorded levels of radiation, which was the beginning of the worst crisis in the history of nuclear power plants. 5 Fourteen years after the worst radiation accident in history which had taken place at the Chernobyl nuclear power station, the remaining working reactor will be closed.

26. Zaimki nieokreślone (*some, any, much, many* itd.)

1

1 How many people does your company employ? 2 How much money do your secretaries earn per month? 3 How many hours per day do your employees work? 4 How much time do your workers have for their lunch breaks? 5 How many holidays per year are they entitled to? 6 How much flexibility do you allow your workers?

2

1 few; 2 little; 3 few; 4 few; 5 much; 6 a lot of; 7 few

3

1 little, much; 2 few; 3 little; 4 few, many; 5 little, much; 6 few; 7 little, much

4

1 a lot of, many; 2 a lot of, much; 3 a lot of, much; 4 much, many, a lot; 5 a lot of, many; 6 a lot, many, much; 7 much, much, much

5

1 Yesterday's meeting was a disaster. There weren't any questions we wanted them to answer. 2 They didn't have any time left. They didn't explain anything in detail. (*lub:* They had no time left to explain anything in detail.) 3 The managing director didn't tell us any interesting facts about the project. 4 I hadn't read any of their reports. 5 I didn't ask for any additional information about their company. 6 Unfortunately, they had some problems with their new computers. 7 That's why they couldn't print any information about their sales figures and the staff.

6

1 some; 2 some; 3 any; 4 some; 5 any; 6 some; 7 some; 8 some; 9 some; 10 any; 11 some; 12 some; 13 some; 14 some; 15 any; 16 any; 17 some

27. Słowa pytające

1

1 – d; 2 – e; 3 – b; 4 – f; 5 – g; 6 – c; 7 – a

2

1 Who; 2 What; 3 Who; 4 Where; 5 What; 6 What

3

1 How; 2 How; 3 What; 4 When; 5 Whose; 6 How

4

1 What is your name? First name and surname, please. 2 When were you born? (*lub:* What is your date of birth?) 3 Where were you born? (*lub:* What is your place of birth?) 4 What is your marital status? 5 What nationality are you? 6 What is your address and phone number? (*lub:* Where do you live? What is your phone number?) 7 Do you have children? 8 What do you do? (*lub:* What's your occupation?)

5

1 – b; 2 – d; 3 – a; 4 – c

6

1 What, It is 5 past 10. 2 When, The plane leaves at 10 am. 3 How long, It takes you approximately two hours. 4 When, The next train to Liverpool is at 8 o'clock. 5 What, Today is Monday. (*lub:* It's Monday.) 6 What, It's 5th June, 2000. (*lub:* the fifth of June 2000; June the 5th 2000). 7 When, The concert (*lub:* It) starts at 8 pm.

7

1 What is your name, please? 2 How do you spell Brown? (*lub:* Could you spell your name, please?) 3 How old are you? (*lub:* What is your age?) 4 What nationality are you? 5 When will you arrive? (*lub:* What will be the date of arrival?) 6 What will be the exact time of arrival? (*lub:* When exactly will you arrive?) 7 How long will you stay? (*lub:* How long are you going to stay? How long do you plan to stay?) 8 When will you leave? (*lub:* What will be the date of departure?) 9 Which type of accommodation do you require?

8

1 How many rooms does your hotel have? (*lub:* do you have?); 2 How many rooms with private bathrooms do you have? (*lub:* How many rooms have a private bathroom? Do you have any rooms with private bathrooms? Do all the rooms have a private bathroom?) 3 Do all the rooms have TV? 4 How long is the walk to the beach? 5 When do you serve breakfast? (*lub:* When is breakfast?) 6 How much does a single room cost? (*lub:* How much is a single room?) 7 How much does a single room with bathroom cost? (*lub:* How much is a single room with bathroom?) 8 Are dogs welcome?

28. Przymiotnik i przysłówek

1
1 terribly; 2 wonderful; 3 absolutely; 4 simply; 5 really; 6 unfortunately; 7 late; 8 immediately

2
1 stressful; 2 literally; 3 thick; 4 gorgeous; 5 fantastic; 6 actually; 7 awful; 8 already; 9 sadly; 10 trendy; 11 volume-enhancing; 12 extremely; 13 expensive; 14 quick; 15 desperate; 16 soon

3
Dear Jane, Hair <u>normally</u> grows 1 cm per month. In summer it <u>possibly</u> grows a little <u>faster</u>. You can't accelerate this <u>natural</u> process. <u>Unfortunately</u>, you have to be very patient. Wear a <u>beautiful</u> scarf to cover up your hairdo. Or why don't you try a <u>fashionable</u> hat? Try not to be so <u>hysterical</u> and <u>nervous</u>. Go and see a <u>good</u> psychiatrist. Yours, Nelly

4
1 successfully; 2 extraordinarily; 3 very well; 4 enthusiastically; 5 frenetically

5
1 just; 2 nearly; 3 straight; 4 near; 5 far; 6 lately; 7 late; 8 most; 9 mostly; 10 hardly; 11 hard; 12 shortly; 13 short

6
1 felt sick; 2 sound wonderful; 3 smell gorgeous; 4 looks – spectacular; 5 tastes awful

7
1 hardly; 2 hardly; 3 hard; 4 justly; 5 just; 6 justly; 7 just; 8 near; 9 nearly; 10 nearly; 11 lately; 12 late

8
1 taller; 2 brighter; 3 higher; 4 darker

9

	Jane	Jill	Julia
income	$200m	$30m	$130m
age	87 years	36	53
weight	80 kilos	79	98
size	5 ft 4	5 ft 10	6 ft 2
frame of mind	happy	quite happy	not very happy

10

1 richest; 2 heaviest; 3 Jane; 4 Julia; 5 Julia, Jane; 6 Jill, Jane; 7 Jill, Julia, Jane; 8 Julia, Jill, Jane; 9 Jill, Julia, Jane

11

1 safer than; 2 quieter than; 3 more expensive than; 4 as entertaining as; 5 as informative as

12

popular; boring; exciting; gentle; funny; pretty; sophisticated; good

13

1 most popular; 2 most boring; 3 most exciting; 4 gentlest; 5 funniest (funny); 6 prettiest (pretty); 7 best (good); 8 most sophisticated

14

1 The more I got to know him, the more I appreciated his good manners.
2 The thicker the coat, the warmer it'll keep you in winter.
3 The more you have, the more you want.
4 The older the wine, the bigger the taste.
5 The longer she had to wait, the more nervous she became.
6 The more you buy, the heavier the shopping bag.
7 The more you try, the more likely you are to succeed.

15

1 – f, 2 – b, 3 – g, 4 – c, 5 – d, 6 – e, 7 – a, 8 – h

16

1 Not only did he have me waiting for half an hour, he didn't even bother apologizing to me when he finally arrived. 2 Not only was he very rude to the waiter, he upset all the other guests by being so noisy and telling them to shut up. 3 Not only was the main topic of conversation, of course, himself he also accused me of not being able to listen to other people's problems. 4 Not only

was he eating noisily he also was talking with his mouth full. 5 Not only did he forget his credit card, he also had no cash with him. 6 Not only did I have to pay for the meal, he also asked me if I could lend him some money. 7 Not only was he drunk, he asked me if I could get him a taxi and pay for it. 8 Not only was this the most embarrassing date I've ever had, it was also one of the costliest.

29. Przyimki

1

1 on; 2 on; 3 off; 4 in; 5 in; 6 on; 7 in; 8 to

2

1 in; 2 in; 3 in; 4 on; 5 in; 6 at; 7 in; 8 in; 9 at; 10 on; 11 in; 12 On; 13 at; 14 at; 15 at; 16 At; 17 in; 18 in; 19 in

3

1 at, in; 2 on (*lub:* in), at; 3 at; 4 at, in; 5 at (*lub:* as of)

4

1 in; 2 in; 3 in; 4 on; 5 in; 6 at; 7 from, to (lub: till); 8 at; 9 in; 10 at, at; 11 in, in; 12 on, at, in

5

1 Go down this road. Go straight down this road. Keep straight on. 2 Turn right. 3 When you get to the church, turn left. 4 Turn right at the crossing. 5 Take the second turning to the left. 6 You'll see the bank on your left.

30. Liczebniki

1

1 The First Wives' Club, First; 2 The Second Man; 3 Third, The Third Man; 4 Fourth; 5 The Fifth Element; 6 Sixth; 7 The Seventh Cross; 8 Bluebeard's Eighth Wife; 9 Ninth; 10 Thirteenth

2

1 add up to; 2 multiplied by; 3 is divisable by; 4 divided by; equals; 5 minus; 6 multiplied by; 7 minus; 8 plus

3

What (*lub:* How) about February, 14 ("fourteen") (*lub:* 14th ("fourteenth") February, "the fourteenth of February") at one p.m. (*lub:* one o'clock in the afternoon)?
That's not possible, sorry.
My plane doesn't land until noon (lub 12 ("twelve") o'clock), and driving from the airport to the city takes me approximately 1 ("one") hour and 40 ("fourty") minutes.
But we could meet in a café late in the afternoon.
I'm sorry but I have a meeting at quarter past 5 ("five") in the afternoon.
Can't you postpone it?
Unfortunately, no (*lub:* not).
It's a meeting with one of our most important customers.
He buys goods to the value of 1.57 ("one point five seven") billion dollars.
This accounts for (*lub:* corresponds to) two thirds of our total annual turnover (*lub:* sales).
We could meet for a tennis match on May 1 ("one") (*lub:* 1st ("first") May, "May the first", the first of May).
That's not possible.
It's my boss's (*lub:* boss') birthday.
He'll be 60 ("sixty").
At the same time we're celebrating the thirtieth anniversary of the company.
Perhaps I'll have (*lub:* I might have) time in a fortnight.
How about dinner? On Wednesday February 3 ("three") (lub: 3rd February "the third of February")?
That's fine with me (*lub:* suits me fine).
There is a new restaurant in 15 ("fifteen"), Neal Street.
On foot it's 10 ("ten") minutes away from here.
Just walk to the crossing and take the 4th ("fourth") street on your left.
It is an old house built in 1899.
The café is on the 3rd ("third") floor It's called TIME OUT.

4

1 number one; 2 seventh heaven; 3 two and two; 4 one in a million; 5 two-faced; 6 sixth sense; 7 sixes and sevens; 8 first; 9 six of one and half a dozen of the other; 10 seven-year-itch; 11 first come, first served

5

A 1 – c, 2 – a, 3 – b; B 1 – b, 2 – c, 3 – a; C 1 – b, 2 – c, 3 – a; D 1 – b, 2 – c, 3 – a; E 1 – c, 2 – a, 3 – b

Wymowa – zapis fonetyczny

Samogłoski:

[i: e, : u:]		jeśli występuje znak : , oznacza to, że jest to długa samogłoska
[æ] have	[hæv]	dźwięk ten powstaje, gdy ułożymy usta do e, ale wymówimy a
[ɒ] off	[ɒf]	krótkie o
[ɔ] for	[fɔ:]	długie o
[ʌ] come	[kʌm]	krótkie a
[ə] about	[ə'bavt]	krótkie e
[ɜ:] bird	[bɜ:d]	długa samogłoska, podobna do e

Dyftongi:

[ei, ɔv, ai, ɔi, iə, və]	dyftongi wymawiamy zgodnie z zapisem poszczególnych głosek
[eə] where [weə]	przedłużone, dłużej wymawiane e

Spółgłoski:

[ŋ] wrong	[rɔŋ]	głoska ta powstaje, gdy łączymy n i g, jak w wyrazie „gong"
[r] rain	[rein]	wymawiając [r] zwijamy język i lekko dotykamy nim podniebienia
bird	[bɜ:d]	w brytyjskim angielskim r przed spółgłoską nie jest wymawiane
poor	[pvə]	r na końcu wyrazu wymawiane jest podobnie do e
[θ] theory	['θiəri]	głoska bezdźwięczna: wkładamy koniec języka między przednie górne i dolne zęby i staramy się wymówić s
[ð] then	[ðen]	głoska dźwięczna: wkładamy koniec języka między przednie górne i dolne zęby i staramy się wymówić z
[f] fact	[fækt]	wymawiamy tak samo, jak w języku polskim
[v] every	['evri]	wymawiamy jak w
[w] wet	[wet]	wymawiamy jak ł
[s] salt	[sɔ:lt]	wymawiamy tak samo, jak w języku polskim
[z] as	[æz]	wymawiamy tak samo, jak w języku polskim
[ʃ] short	[ʃɔ:t]	wymawiamy podobnie do sz
[ʒ] measure	['meʒə]	wymawiamy podobnie do ż

W wyrazach wielosylabowych przed sylabą akcentowaną znajduje się oznaczenie akcentu [']

Główne czasowniki nieregularne

Bezokolicznik	Past Simple	Past Participle (tzw. 3. forma czasownika)	Znaczenie polskie
be	was	been	być
beat	beat	beaten	bić
become	became	become	stać się
begin	began	begun	zaczynać
bite	bit	bitten	gryźć
blow	blew	blown	dmuchać
break	broke	broken	łamać, psuć
bring	brought	brought	przynieść
build	built	built	budować
burst	burst	burst	wybuchać, pękać
buy	bought	bought	kupować
catch	caught	caught	łapać
choose	chose	chosen	wybierać
come	came	come	przychodzić
cost	cost	cost	kosztować
cut	cut	cut	ciąć, kroić
dig	dug	dug	kopać (łopatą)
draw	drew	drawn	rysować
do	did	done	robić
drink	drank	drunk	pić
drive	drove	driven	prowadzić samochód
eat	ate	eaten	jeść
fall	fell	fallen	upadać
feed	fed	fed	karmić
feel	felt	felt	czuć, odczuwać
fight	fought	fought	walczyć
find	found	found	znaleźć
fly	flew	flown	latać
forget	forgot	forgotten	zapominać
freeze	froze	frozen	zamarzać
get	got	got	dostać
give	gave	given	dać
go	went	gone	iść
hang	hung	hung	wieszać
have	had	had	mieć
hear	heard	heard	słyszeć
hide	hid	hidden	ukrywać
hit	hit	hit	uderzyć
hold	held	held	trzymać
hurt	hurt	hurt	ranić
keep	kept	kept	utrzymywać, trzymać
know	knew	known	wiedzieć
lay	laid	laid	położyć

lead	led	led	*prowadzić*
learn	learnt	learnt	*uczyć się*
leave	left	left	*zostawiać, opuszczać*
lend	lent	lent	*pożyczać komuś*
let	let	let	*pozwalać*
lie	lay	lain	*leżeć*
lose	lost	lost	*zgubić*
make	made	made	*robić*
mean	meant	meant	*znaczyć*
meet	met	met	*spotykać*
pay	paid	paid	*płacić*
put	put	put	*kłaść*
read	read	read	*czytać*
ride	rode	ridden	*jeździć (rowerem, konno)*
ring	rang	rung	*dzwonić*
run	ran	run	*biegać*
say	said	said	*mówić*
see	saw	seen	*widzieć*
sell	sold	sold	*sprzedać*
send	sent	sent	*wysłać*
set	set	set	*ustanowić*
shake	shook	shaken	*trząść*
shine	shone	shone	*świecić*
shoot	shot	shot	*strzelać*
show	showed	shown	*pokazywać*
shut	shut	shut	*zamknąć*
sing	sang	sung	*śpiewać*
sit	sat	sat	*siedzieć*
sleep	slept	slept	*spać*
smell	smelt	smelt	*pachnieć, wąchać*
speak	spoke	spoken	*mówić*
spend	spent	spent	*spędzać*
spread	spread	spread	*rozpościerać*
stand	stood	stood	*stać*
steal	stole	stolen	*kraść*
sting	stung	stung	*kłuć*
swim	swam	swum	*pływać*
take	took	taken	*brać*
teach	taught	taught	*uczyć kogoś*
tear	tore	torn	*drzeć*
tell	told	told	*powiedzieć*
think	thought	thought	*myśleć*
throw	threw	thrown	*rzucać*
understand	understood	understood	*rozumieć*
wake	woke	woken	*budzić*
wear	wore	worn	*nosić*
win	won	won	*wygrywać*
write	wrote	written	*pisać*

Indeks

5% rabatu

przy zakupie następujących tytułów
wydawnictwa Langenscheidt:

Słownictwo podstawowe język angielski
Słownictwo podstawowe język francuski
Słownictwo podstawowe język hiszpański
Słownictwo podstawowe język niemiecki
Słownictwo podstawowe język włoski

1000 idiomów angielskich
1000 idiomów francuskich
1000 idiomów niemieckich
1000 idiomów włoskich

**we wszystkich księgarniach
GRUPY MATRAS
na terenie całego kraju**

telefony kontaktowe:
Matras Gdańsk (0-58) 344-40-22
Matras Bydgoszcz (0-52) 342-19-86
Matras Katowice (0-32) 258-91-26
Matras Wrocław (0-71) 359-26-53
Matras Warszawa (0-22) 632-55-91

Adresy wszystkich księgarń grupy MATRAS
na stronie

www.langenscheidt.pl

link: Partnerzy handlowi

KUPON
5% rabatu

przy zakupie następujących tytułów
wydawnictwa Langenscheidt:

Słownictwo podstawowe język angielski
Słownictwo podstawowe język francuski
Słownictwo podstawowe język hiszpański
Słownictwo podstawowe język niemiecki
Słownictwo podstawowe język włoski

1000 idiomów angielskich
1000 idiomów francuskich
1000 idiomów niemieckich
1000 idiomów włoskich

Seria
Słownictwo podstawowe

Seria podręczników – słowników do nauki słownictwa obcojęzycznego na poziomie podstawowym i ponadpodstawowym. Każdy podręcznik zawiera około 4000 haseł i zwrotów, wraz z transkrypcją i przykładami użycia, na około 400 stronach. Hasła zgrupowane są według najważniejszych dziedzin wiedzy, a następnie podzielone na mniejsze dyscypliny szczegółowe. W ramach tego podziału wyodrębnia się słownictwo bazowe, do 2000 słów, i słownictwo rozszerzone, do 4000 słów.

Seria
1000 idiomów

Seria książek uzupełniających do nauki języka obcego na poziomie średnio zaawansowanym i zaawansowanym. Są to słowniki powszechnie używanych idiomów danego języka, zgrupowane w porządku alfabetycznym, według słów-kluczy. Każdemu hasłu kluczowemu przyporządkowanych jest od kilku do kilkunastu idiomów.

Poszczególne idiomy zilustrowane są współczesnymi przykładami użycia, wraz z tłumaczeniem na język polski, a niektóre – obszerniejszym komentarzem na temat kontekstu.